D.U.

DeutschUnterricht

Arbeitsheft 5

Bayern

C.C.Buchner

D.U.

DeutschUnterricht
Bayern

Herausgegeben von Andreas Ramin und Thorsten Zimmer

D.U. – Arbeitsheft 5
Herausgegeben von Claudia Högemann
Bearbeitet von Aurelia Bange, Claudia Högemann, Marion Kohlberger, Ulrich Steckelberg und Tanja Trumm

1. Auflage, 2. Druck 2018
Alle Drucke dieser Auflage sind, weil untereinander unverändert, nebeneinander benutzbar.

Dieses Werk folgt der reformierten Rechtschreibung und Zeichensetzung. Ausnahmen bilden Texte, bei denen künstlerische, philologische oder lizenzrechtliche Gründe einer Änderung entgegenstehen.

Redaktion: Jutta Förtsch
Layout und Satz: tiff.any GmbH, Berlin
Illustrationen: Anna Reichel, Bamberg
Umschlag: HOCHVIER GmbH & Co. KG, Bamberg
Druck und Bindung: Brüder Glöckler GmbH, Wöllersdorf

www.ccbuchner.de

ISBN 978-3-661-11045-5

Deine Begleiter durch dieses Arbeitsheft

„Guten Tag, ich bin Charly, das Chamäleon. Ich bin ein großer Verwandlungskünstler des Tierreichs und kann je nach Stimmung und Situation meine Farbe ändern. Deshalb weiß ich auch, dass du deine Fähigkeiten durch Üben verändern kannst."

Beim Arbeiten mit diesem Heft wirst du auch immer wieder auf Paula, ihre Familie und ihre Freunde treffen. Paula geht – wie du – in die 5. Klasse. Ihr kleiner Bruder Phil nervt manchmal, wenn Paula mit Tarek und Jakob im Detektivbüro arbeiten will. Zur Clique gehören auch noch Enya und Jan.

Die Arbeit mit diesem Arbeitsheft

Gute Leistungen im Fach Deutsch kannst du erreichen, wenn du immer wieder deine Fähigkeiten trainierst. In diesem Arbeitsheft findest du Übungen zu wichtigen Bereichen, die im Deutschunterricht behandelt werden. Wenn du die Übungen machst, wird dir der Deutschunterricht immer leichter fallen.

Und so geht es:

Damit du selbstständig mit dem Heft arbeiten kannst, findest du auf den Innenklappen des Heftes und auf den Seiten „Nachschlagen" (S. 106 – 111) alle nötigen Arbeitstechniken sowie Regeln oder Hilfen zu den einzelnen Lernbereichen.
Jedes der drei Kapitel behandelt einen Bereich, den du gezielt einüben kannst. Damit du sofort erkennst, zu welchem Lernbereich du arbeitest, hat jedes Kapitel eine eigene Farbe. Die Kapitel sind farblich so gekennzeichnet wie die Bereiche, die du aus dem Schülerbuch kennst:

- Schreiben
- Sprachgebrauch und Sprache untersuchen und reflektieren
- Lesen – mit Texten umgehen

Die Kapitel sind immer gleich aufgebaut:

- Ein Vorspann sagt dir,
  - wo du die nötigen Informationen für das Übungskapitel im Schülerbuch findest,
  - welche (Teil-)Kompetenzen du in diesem Kapitel trainierst,
  - wo du hier im Arbeitsheft Tipps und Informationen findest, die dir beim Bearbeiten der Aufgaben helfen.
- Bevor du mit dem Üben beginnst, testest du deinen Lernstand. Dafür schätzt du hier zunächst selbst ein, wie fit du bereits in der genannten Kompetenz bist.
- Dann geht es los mit den einzelnen Übungen. Die Aufgaben steigern sich im Schwierigkeitsgrad von leichteren bis zu anspruchsvollen Übungen. Bei einigen Aufgaben kannst du dich entscheiden, welches Niveau du bearbeiten möchtest. Diese Aufgaben sind wie auf der Skipiste mit
  ■ leicht ■ mittel ■ schwer
  markiert.
- Nach dem Üben prüfst du in einem Kompetenztest, ob du dich durch das Training verbessert hast.
- Deine Lösungen kannst du mithilfe des Lösungsheftes kontrollieren.
- Nach jedem Lernbereich findest du dort noch Tipps, wie du weiterüben kannst, wenn du beim Lösen der Aufgaben noch Probleme in bestimmten Lernbereichen hattest.

Und was musst du sonst noch wissen?

Längere Aufgaben schreibst du nicht in das Arbeitsheft, sondern in dein Heft.
Benutze Materialien, mit denen du gerne arbeitest. Lieblingsstifte und schöne Hefte steigern den Spaß an der Arbeit! Und das brauchst du:

- einen Bleistift
- einen Füller
- einen Radiergummi
- Buntstifte
- ein Schreibheft (einige Übungen musst du dort eintragen)
- Karteikarten (für Stichwörter, Lerntipps, Merksätze ...)

Schaffe zum Lernen eine gemütliche Atmosphäre. Das hilft dir, locker zu bleiben und ohne schlechte Laune zu trainieren.
Trau dir etwas zu! Vergiss den Satz „Ich kann das nicht". Du kannst alles trainieren.
Nun wünschen wir dir viel Spaß beim Training!

Dein Autorenteam und Charly

1.1 Schreibideen entwickeln

Hier findest du Informationen im Schülerbuch: *S. 30–43*

Diese Kompetenzen trainierst du: *Schreibanlässe erfassen; Ideen entwickeln, sammeln und ordnen; einen Text planen; eine Geschichte sprachlich richtig und anschaulich gestalten; Wortfelder und Wortfamilien bilden*

Hier findest du Hilfestellungen im Arbeitsheft: *Lösungsheft S. 10 f.*

Weißt du, wie man gute Schreibideen entwickelt?

Teste deinen Lernstand

Wie schätzt du deine Fähigkeit ein, zu einem Thema/einem Reizwort/einem Bild Ideen zu sammeln und diese zu ordnen?

1 Kreuze einen Satzanfang, der zu deiner Einschätzung passt, an und ergänze ihn.

○ Mir fällt es leicht, Schreibideen zu entwickeln, weil …

○ Ich habe Schwierigkeiten, Schreibideen zu entwickeln, weil …

___

___

___

2 Sieh dir das Bild aufmerksam an und sammle dazu möglichst viele Ideen für eine Geschichte. Notiere deine Ideen stichpunktartig.

___

___

___

___

3 Hast du einen guten Tipp für das Entwickeln von Schreibideen? Kreuze das für dich Zutreffende an und ergänze gegebenenfalls.

○ Leider kenne ich keinen passenden Tipp.

○ Ja, ich kenne einen guten Tipp zum Entwickeln von Schreibideen. Man kann z. B.

___

___

___

1 Stell dir vor: Du bist auf einer Nachtwanderung mit Freunden aus Versehen vom Weg abgekommen. Zunächst macht dir das nichts aus, denn du glaubst, dich gleich wieder zurechtzufinden. Aber dann passiert etwas Merkwürdiges. Lies den Text zunächst still durch. Lies den Text im Anschluss stimmungsvoll vor.

Auf einmal wurde der Wind immer stärker, die Äste schlugen, unheimlich flackerte das Mondlicht. Mir wurde langsam angst und bange. Da sah ich vor mir einen Lichtschein, ein kleines Feuer. „Puuh, so ein Glück!", dachte ich. Das muss das Lagerfeuer sein, das wir auf der Lichtung anzünden wollten." Doch als ich näher kam, saßen da drei merkwürdige Gestalten: ein riesiger Drache, ein kleiner Troll und ein Mädchen. Das Mädchen bemerkte mich als erste: „Oh, wir haben Besuch", lispelte es. Der Drache atmete Rauch aus und hauchte: „Du störst uns beim Anzünden des Zauberfeuers."

2 Hier siehst du den Drachen aus der Erzählung. Bearbeite eine der Aufgaben in deinem Heft. Auf den Leerzeilen kannst du dir erste Notizen machen:

- Notiere stichpunktartig alles, was dir zu ihm einfällt.
- Verfasse drei Sätze, in denen du den Drachen beschreibst. Dabei kannst du z. B. auch auf den Klang der Drachenstimme oder den Geruch des ausgeatmeten Rauchs eingehen.
- Verfasse einen Abschnitt aus der Erzählung, in dem der Ich-Erzähler wiedergibt, wie der Drache auf ihn wirkt. Überlege dir dazu, was der Ich-Erzähler wahrnehmen kann und wie er sich fühlt, als der Drache ihn anstarrt.

3 „Es brannte!!! Das Feuer wurde immer größer …" Ergänze die Mind-Map in deinem Heft mit Wörtern (→ Nachschlagen S. 108 f.) für eine anschauliche und aussagekräftige Schilderung einer solchen Situation.

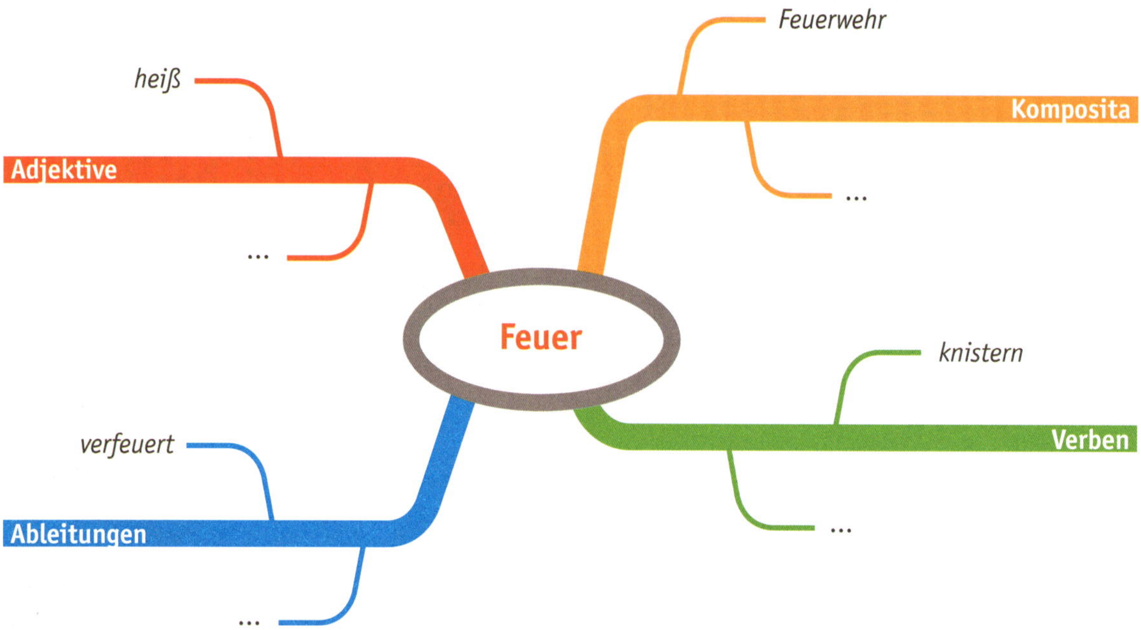

4 Wähle drei der gesammelten Wörter aus und formuliere damit drei zur Geschichte von Seite 7 passende Sätze in deinem Heft.

5 Verbinde durch eine Linie jeweils die Redewendung mit dem Wort **brennen** in der linken Spalte mit der richtigen Bedeutung in der rechten Spalte.

Ich **brenne** vor Neugier.	Warum hast du es so eilig? Wo liegt das Problem?
Ich bin völlig **abgebrannt**!	möchte nichts versäumen.
Gebranntes Kind scheut das Feuer.	Es ist für mich von großer Wichtigkeit.
Es interessiert mich **brennend**.	Ich habe mein ganzes Geld ausgegeben.
Es **brennt** mir auf der Seele.	Ich möchte gerne etwas sofort machen.
Wo **brennt**'s denn?	Wer einmal schlechte Erfahrungen gemacht hat, ist danach vorsichtig.
Es **brennt** mir unter den Nägeln!	Ich bin sehr daran interessiert.
Verbrenn dir nicht die Finger!	Ich bin besonders neugierig.
Wer nichts **anbrennen** lassen will,	Pass auf! Sei vorsichtig mit dem, was du sagst oder tust!

6 Enya will zu den folgenden Reizwörtern eine Geschichte schreiben: Ferien, Lichtschein, Nacht. Entscheide selbst, ob du eine Fantasieerzählung oder eine realistische Erlebniserzählung schreiben willst. Wähle eine der drei Aufgaben:

- Ergänze zu zwei Reizwörtern alle Begriffe und Ausdrücke, die dir einfallen.
- Ergänze zu den drei Reizwörtern alle Begriffe und Ausdrücke, die dir einfallen.
- Ergänze zu den drei vorgegebenen Reizwörtern und zu einem selbstgewählten Reizwort alle Begriffe und Ausdrücke, die dir einfallen.

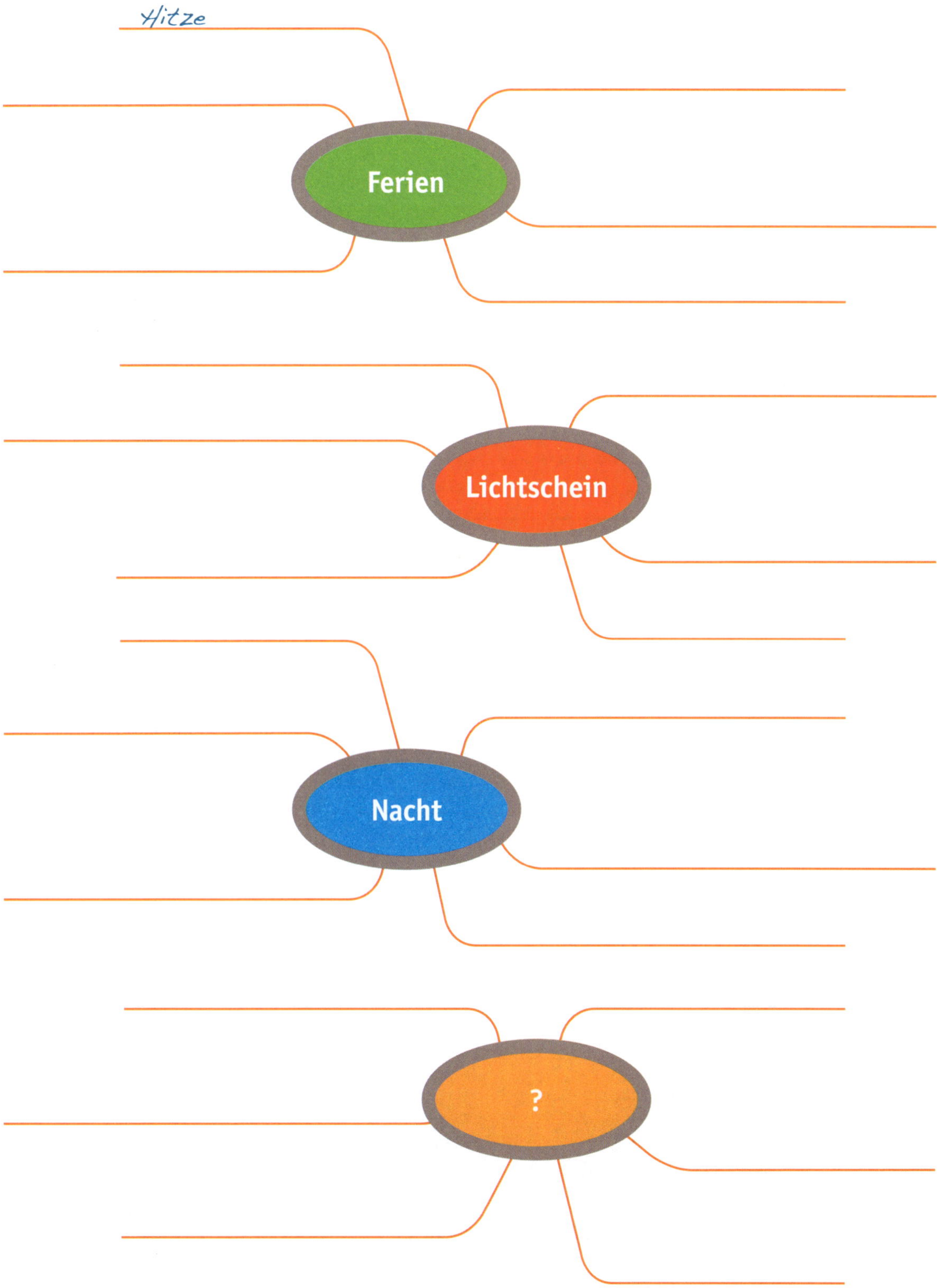

7 Enya überlegt, welche Personen und Orte für ihre Geschichte interessant sein können und was eigentlich genau passieren soll. Hilf ihr und schreibe auf die Karteikarten Angaben zu den Fragen: Wer? Wo? Was? Nutze passende Wörter aus Aufgabe 6.

Wer?

Schreibe die Namen der Personen, die in Enyas Geschichte vorkommen sollen, auf die erste Karteikarte. Mache genaue Angaben zu Alter, Geschlecht, Aussehen, besonderen Eigenschaften und Fähigkeiten.

Wo?

Schreibe einen oder mehrere Orte, an dem/denen die Geschichte spielt, auf die zweite Karteikarte. Ergänze Angaben, die den Ort oder die Orte charakterisieren *(Wetter, einsam gelegen, viel Tourismus, Wald, Feld, Gebirge oder See, besondere Gebäude ...)*.

Was?

Schreibe Stichpunkte zur Art des Geschehens *(gruselig, lustig, spannend ...)* und zu den einzelnen Handlungsschritten, von denen Enya erzählen soll, auf die dritte Karteikarte.

8 Enya gefallen deine Ideen gut. Wähle zu ihrer weiteren Unterstützung eine der Aufgaben. Bearbeite sie in deinem Heft:

- Erstelle einen Zeitstrahl darüber, wer in der Geschichte an welchem Ort was zu welchem Zeitpunkt macht.
- Verfasse eine Einleitung zu der Geschichte, die Spannung erzeugt und die Erzählsituation schildert.
- Schreibe die Geschichte in Ich-Form auf.

1.2 Erzählende Texte schreiben

Hier findest du Informationen im Schülerbuch: *S. 26–47*

Diese Kompetenzen trainierst du: *eine Erzählung planen, Informationen sammeln und ordnen, einen Schreibplan erstellen, eine Erzählung sinnvoll aufbauen, eine Erzählung sprachlich richtig und anschaulich gestalten, die richtige Erzählzeit beachten, eine Erzählung überarbeiten*

Hier findest du Hilfestellungen im Arbeitsheft: *Nachschlagen S. 106*

Teste deinen Lernstand

Kennst du dich mit Erzählungen aus?

Beim sinnvollen Aufbau und Verfassen spannender und abwechslungsreicher Geschichten gilt es, ein paar Punkte zu beachten. Kreuze die Aussage an, die am besten zu deinem Kenntnisstand passt. Notiere das, was du schon weißt, stichpunktartig auf die vorgesehenen Linien.

1 Ich kenne Möglichkeiten, meine Geschichte zu planen.
○ trifft teilweise zu ○ trifft vollkommen zu

So plane ich meine Geschichte: ____________________

____

○ Ich kenne leider keine Möglichkeit,meine Geschichte zu planen.

2 Ich weiß, wie eine gute Erzählung sinnvoll aufgebaut ist.
○ trifft teilweise zu ○ trifft vollkommen zu

Aufbau einer guten Erzählung:

- ____________ • ____________ • ____________

○ Ich weiß leider nicht, wie eine Erzählung sinnvoll aufgebaut ist.

3 Ich kenne Möglichkeiten, eine Geschichte spannend zu erzählen.
○ trifft teilweise zu ○ trifft vollkommen zu

So wird meine Geschichte spannend: ____________________

____

○ Ich kenne leider keine Möglichkeit, meine Geschichte spannend zu erzählen.

4 Ich weiß, in welcher Zeitform eine Erzählung verfasst wird.
○ trifft teilweise zu ○ trifft vollkommen zu

Erzählungen werden im ____________ verfasst. Aber ____________

____

○ Ich weiß leider nicht, in welcher Zeitform eine Erzählung verfasst wird.

Eine Erzählung planen

1 Der Deutschlehrer zeigt der Klasse folgendes Bild. Sammle in deinem Heft Ideen dazu, was passiert sein könnte.

2 Ordne nun deine Ideen mithilfe der W-Fragen.

Wer war beteiligt? ______

Wann ist es passiert? ______

Wo ist es passiert? ______

Was genau ist passiert? ______

3 Nummeriere die Stichpunkte aus einem Schreibplan so, dass sie die richtige Reihenfolge der Erzählung wiedergeben können. Tausche dich mit einem Lernpartner über die Ergebnisse aus.

◯	Gewitter in der Nacht	◯	Taschenlampe in der Nachttisch-schublade gesucht
◯	Jakob zitternd die Treppe hinuntergegangen, um nachzuschauen, was genau passiert war	◯	Vaters Hand fasste fest um Jakobs Schulter, Jakob erschrak
◯	Jakob davon aufgewacht; wollte das Licht anmachen, aber offensichtlich Stromausfall	◯	Vater hatte mittlerweile den Stromkasten repariert und dabei seine Taschenlampe fallenlassen
◯	Sicherung wurde wieder repariert	◯	Vater brachte Jakob zurück ins Bett

Eine Erzählung sinnvoll aufbauen

1 Betrachte die Bilder genau und nummeriere sie in der richtigen Reihenfolge. Tausche dich auch darüber mit einem Lernpartner aus. Beachte, dass die Geschichte nicht aus der Sicht Jakobs erzählt wird.

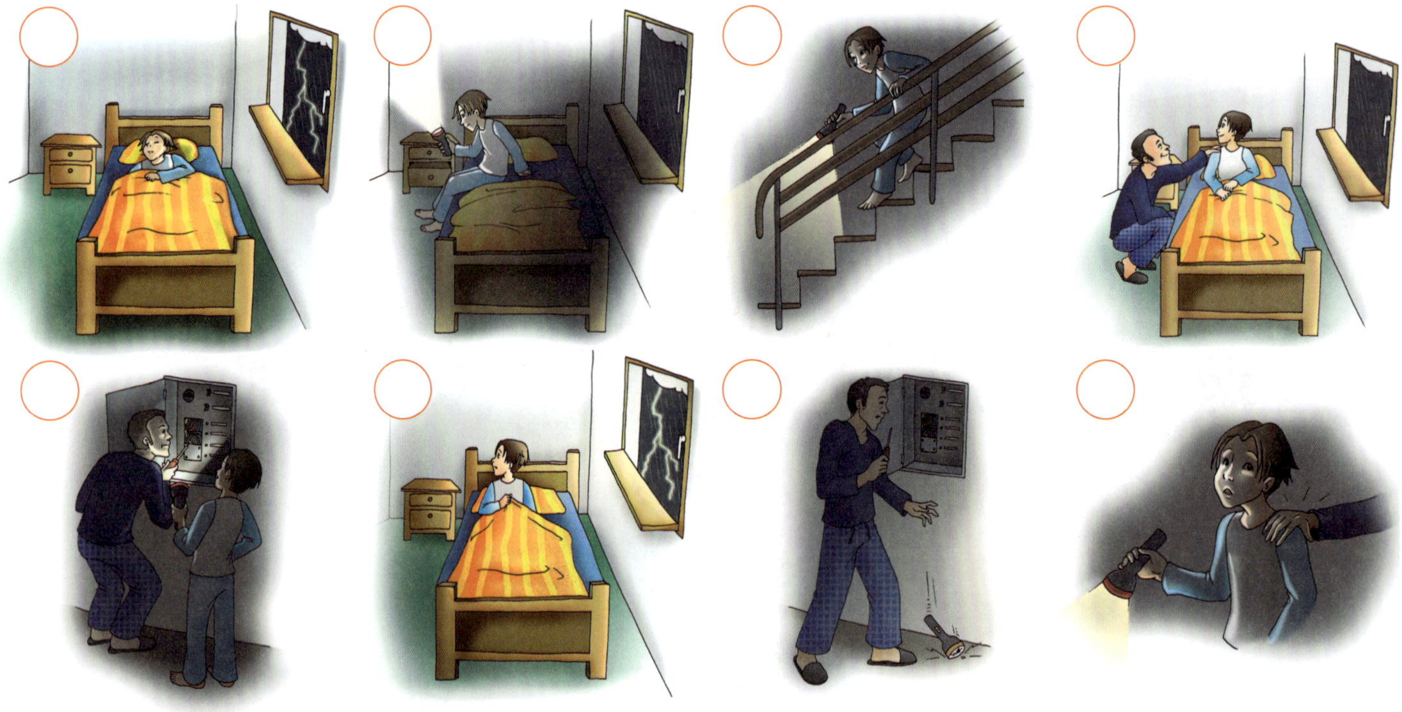

2 Welches Bild passt zu welchem Erzählschritt? Trage die jeweilige Nummer an der entsprechenden Stelle in die Erzähltreppe ein und entscheide, welche Erzählschritte zur Erzählsituation, welche zum Ereignis und welche zum Ausgang gehören.

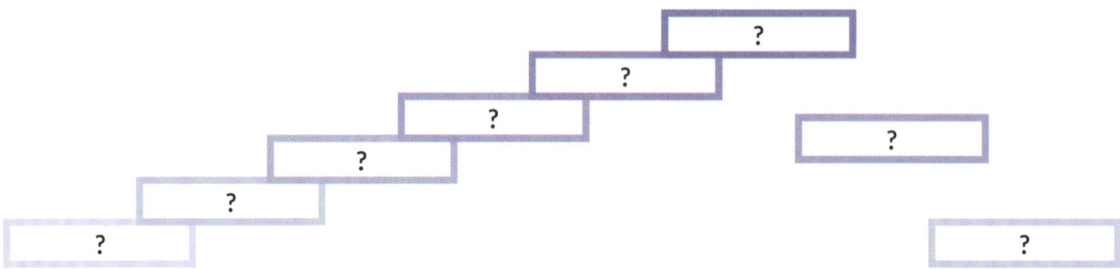

Erzählsituation: ______________ Ereignis: ______________ Ausgang: ______________

3 Umkreise in dem Wortspeicher alle dir passend erscheinenden Überschriften für diese Erzählung.

Wortspeicher

Eine gruselige Nacht – Der Täter mit der Taschenlampe – Der Mörder im Dunkeln –

Eine wahre Geschichte über den Einbrecher mit der verlorenen Stimme –

Stromausfall mit Folgen – Nächtliches Abenteuer – Der böse Zauberer –

Eine unheimliche Nacht – Mein böser Traum

4 Bearbeite eine der folgenden Aufgaben:

- Wähle die Überschrift aus, die dir für die Geschichte am passendsten erscheint.
- Wähle die Überschrift aus, die dir am passendsten erscheint, und begründe deine Wahl.
- Formuliere eine eigene Überschrift und begründe deine Formulierung.

____

____

5 Schreibe zuerst die **Erzählsituation**, in der Jakobs Erlebnis stattfindet, in dein Heft: Stelle darin die Personen vor, die in der Erzählung vorkommen. Nenne den Ort, die Zeit und die Situation der Handlung.

6 Betrachte das letzte Bild rechts in der unteren Reihe auf Seite 14 genau und schreibe in wörtlicher Rede auf, was Jakob und sein Vater sagen könnten. Denke an die Satzzeichen! (→ Nachschlagen S. 110)

Jakob: ______________________

____

____

____

Vater: ______________________

____

____

____

7 Schreibe nun mithilfe deiner Vorübung den **Hauptteil**, also das eigentliche Ereignis, in dein Heft.

8 Kreuze an, welcher **Ausgangsgedanke** am besten zu der Erzählung passt. Formuliere eine Begründung für deine Wahl in deinem Heft.

- ◯ Das war ein aufregender Tag gewesen.
- ◯ Ende gut, alles gut!
- ◯ Da hatten wir noch einmal Glück gehabt.
- ◯ Papa und Jakob sprachen im Bett noch lange über diese Aufregung.
- ◯ Manchmal kommt es anders ...

9 Verbinde eine passende Ausgangsformulierung 1, 2, 3 mit einer der Beschreibungen a, b, c.

1) Papa sagte: „Sehe ich etwa aus wie ein Einbrecher?“	a) Die Beteiligten haben etwas aus dem Geschehen gelernt.
2) Als Jakob sich umdrehte, stand Papa vor ihm! Es war gar kein Einbrecher!	b) Jemand macht eine lustige oder ernste Bemerkung.
3) Jakobs Vater nahm sich vor, von nun an immer darauf zu achten, dass der Stromkasten funktionierte.	c) Es kommt zu einer besonderen Überraschung.

Eine Erzählung sprachlich richtig und anschaulich gestalten

1 Eine Erzählung schreibt man im Präteritum. Setze die folgenden Verben ins Präteritum.

Beispiel: *sie schlafen → sie schliefen*

sie hängen:	________	es fällt:	________
er schaltet an:	________	sie träumen:	________
ich lausche:	________	du schleichst:	________
wir essen:	________	ihr repariert:	________
du steigst ab:	________	ich wache auf:	________
ihr erschreckt:	________	sie dreht:	________
er putzt:	________	wir bringen:	________

2 Lies den Text aufmerksam durch und unterstreiche alle Verben.
Tipp: 15 Verben sind nicht in der richtigen Zeitform geschrieben worden. Streiche sie durch und schreibe die richtige Zeitform in die rechte Spalte. Bedenke, dass du bei Gleichzeitigkeit das Präteritum, bei Vorzeitigkeit das Plusquamperfekt benutzen musst. (→ Nachschlagen S. 106)

ACHTUNG FEHLER!

Eines Abends im September blieb Jakob noch länger auf. Seine Eltern sind ausgegangen und würden erst spät zurückkehren. Jakob schmierte sich zwei Leberwurstbrote zum Abendbrot und trinkt ein großes Glas Milch dazu. Außerdem versorgt er noch die Kaninchen, sie bekommen Salat und Karotten. Nach dem Abendbrot zieht sich der Himmel zu und Jakob machte sich ein wenig Sorgen, wo denn sein Babysitter blieb. Frau Tanne von gegenüber passt immer auf ihn auf, wenn seine Eltern weggingen. Es fängt an zu regnen, dicke Tropfen klopften an das Fenster. Nachdem er es sich auf dem gemütlichen Sofa bequem macht, kuschelt er sich in die flauschige Decke. Im Fernsehen läuft seine Lieblingssendung, die darf er auf keinen Fall verpassen. Schon die letzte Folge hat er nicht sehen können. Nun klingelte es an der Tür. Jakob beeilt sich mit dem Öffnen der Tür, weil er auch den Vorspann seiner Sendung nicht verpassen wollte. Frau Tanne hängte den nassen Mantel auf und setzt sich neben ihn aufs Sofa. Nach der Sendung muss Jakob noch seine Schultasche packen.

3 Verschiedene Satzanfänge helfen dabei, den Text lebendiger wirken zu lassen. Vor allem für die zeitliche Abfolge brauchst du viele verschiedene Wörter. Ergänze den Lückentext mit passenden Wörtern aus dem Wortspeicher.

Der Regen hatte aufgehört und auch das Gewitter verzog sich. Jakob schlief tief und fest. Mitten in seinen Träumen erwachte er durch ein klirrendes Geräusch. ____________ war Jakob hellwach und setzte sich im Bett auf. ____________ tastete er im Dunkeln nach der Nachttischlampe. ____________ fand er den Schalter, doch das Licht ging nicht an! ____________ wurde Jakob nervös, sein Herz begann zu klopfen. ____________ suchte er seine Taschenlampe, die er immer griffbereit neben seinem Bett platziert hatte.

Wortspeicher

anschließend – darauf – schließlich – bald darauf – abermals – nach einer Weile – später – gleich – in der Zwischenzeit – da – zunächst – sodann – schnell – sofort – dann – endlich – nun

4 Mit verschiedenen Verben kannst du deine Erzählung abwechslungsreich gestalten. Ergänze weitere Verben zum Wortfeld *sehen* auf den leeren Puzzleteilen.

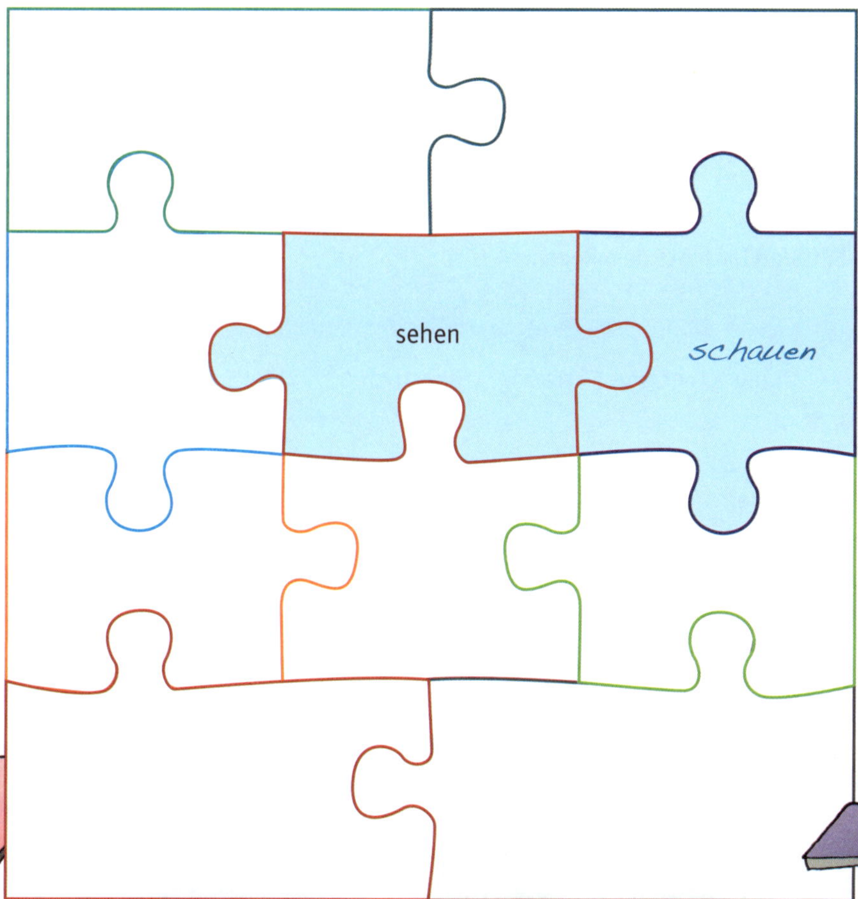

5 Schreibe ■ zwei / ■ vier / ■ sechs Verben des Wortfeldes *gehen* mit einem passenden Adjektiv auf.

Beispiel: *lautlos schleichen, geräuschvoll schlurfen*

____

____

____

____

____

____

6 Streiche in den folgenden Sätzen jeweils das nicht passende Wort aus dem Speicher. Tausche dich mit einem Lernpartner über deine Lösungen aus.

- Jakob las ? ein Buch, während er auf Frau Tanne wartete.

Wortspeicher

hastig – gelangweilt – still – entspannt

- Frau Tanne blickte ? in die Zeitung.

Wortspeicher

erschrocken – interessiert – erstaunt – geheimnisvoll

- Jakob lag ? in seinem Bett und lauschte dem Regen.

Wortspeicher

ruhig – entsetzt – traurig – ängstlich

- Frau Tanne saß ? im Wohnzimmer.

Wortspeicher

freudig – entspannt – erleichtert – ruhig

- Jakob stand ? an der Tür und hörte angestrengt nach unten.

Wortspeicher

fröhlich – nervös – eifrig – ungeduldig

7 Sieh dir die Bilder genau an und wähle eine der folgenden Aufgaben:

Notiere in Stichpunkten alles, was dir beim Betrachten des Jungen auffällt.

Notiere Stichpunkte zu Mimik und Körperhaltung des Mädchens.

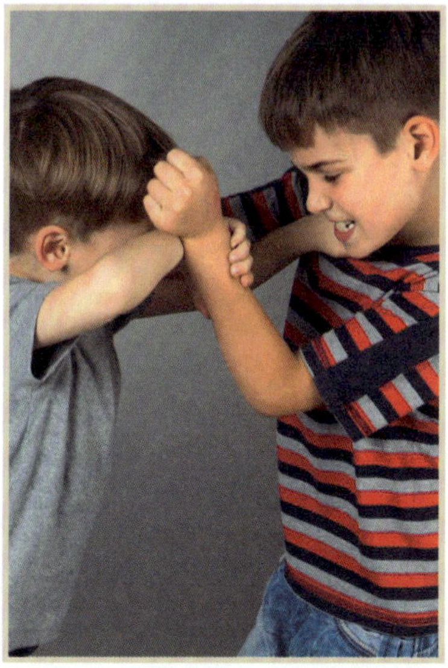

Beschreibe – soweit erkennbar – in deinem Heft in ein paar Sätzen Körperhaltung, Gestik und Mimik der beiden Jungen. Formuliere zusätzlich eine Vermutung darüber, wie die beiden Jungen sich fühlen.
Hier kannst du Notizen machen.

Eine Erzählung überarbeiten

1 Tarek hat einen Aufsatz über ein Erlebnis seiner Freundin Lucy geschrieben. Er ist nicht zufrieden mit seiner Erzählung. Lies Tareks Erzählung aufmerksam durch. Die Linien brauchst du später.

ACHTUNG FEHLER!

Plötzlich, als Lucys Eltern nicht zu Hause sind, war sie alleine zu Hause. Ihr ist langweilig und sie spielt mit der Katze. Im Wohnzimmer liegt ein alter Orientteppich von Opa, der so schöne Fransen hat. Diese versucht die Katze Mimmi immer zu fangen. Auch an einem Wollknäuel hatte sie Spaß und kann sich lange damit beschäftigen. Lucy überlässt der Katze das Wollknäuel und öffnet die Terrassentür. Lucy tritt plötzlich in den sonnigen Garten und beobachtet die Vögel, die in einem Strauch ein Nest bauen. Die Kleinen sind gerade erst geschlüpft und konnten nicht genug Futter bekommen. Lucy steht mit dem Rücken zur Tür und sieht nicht, was passiert. Plötzlich dreht Lucy sich um. Lucy fällt ein, dass Mimmi gar nicht in den Garten darf! Doch es ist zu spät. Plötzlich bemerkte Lucy, dass Mimmi nicht mehr auf dem Wohnzimmerteppich saß. Sie ergriff die Gelegenheit und schlich sich unbemerkt in den Garten. Lucy wusste nicht, was sie tun sollte, und fing plötzlich an zu weinen. Sie läuft im Garten umher und ruft immer wieder ihren Namen: „Mimmi, wo bist du?", „Mimmi, komm her!" Plötzlich hört Lucy etwas im Gebüsch rascheln. Lucy läuft darauf zu und kann ihren Augen kaum trauen. Plötzlich entdeckt sie Mimmi. Die Katze hat sich in einer alten Gießkanne verfangen, als sie sich an das Nest heranschleichen wollte. Gott sei Dank kommt sie nicht weit.

2 Formuliere in deinem Heft einen Tipp für Tarek, wie er die Ideen für seine Geschichte besser hätte sammeln und ordnen können.

Lösungen und Tipps zum Weiterarbeiten für das Arbeitsheft 5

Schreiben

Seite 6

1.1 Schreibideen entwickeln

Lernstand

Aufgaben 1 und 2

Individuelle Lösungen

Aufgabe 3

Mögliche Tipps für das Entwickeln von Schreibideen:
- Man kann in einem Cluster alle Begriffe sammeln, die einem zu einem Thema einfallen.
- Man kann in einer Mind-Map alle Begriffe ordnen, die einem zu einem Thema einfallen.
- Man kann alle Sinneseindrücke aufschreiben, die man in einer bestimmten Erzählsituation hat (Gerüche, Geräusche, Gehörtes).

Seite 7 **Aufgabe 1**

Individuelle Lösung

Differenzierte Aufgabe 2

■ Ungeordnete individuelle Sammlung von Stichwörtern zum Aussehen und Auftreten des Drachens

■ Beispiellösung: Der Drache sah aus, wie man sich einen Drachen vorstellt. Er hatte einen grünen Rücken mit Stacheln und sein Bauch war gelb. Aus dem Maul spie er einen rotgelben Feuerstrahl und dabei atmete er einen beißenden und stinkenden Rauch durch die Nase aus. Dabei blickte er uns drohend an.

■ Beispiellösung: Plötzlich polterte und zischte es und dann gab es einen gewaltigen Feuerschein. Es wurde heiß und die Luft füllte sich mit nach Schwefel riechendem Gas, ein roter Schein schimmerte im Wald. Vor lauter Angst wich ich langsam zurück. Was würde der riesige Drache mit mir machen? Ich hielt die Luft an und wagte nicht zu atmen, der Gestank war fürchterlich.

Seite 8 **Aufgabe 3**

Beispiellösung:

Adjektive	Komposita	Ableitungen	Verben
heiß, rauchig, qualmend, stickig, warm, erleuchtet ...	Feuerwehr, Feuerschein, Feuerlöscher, Wasserschlauch ...	verfeuert, befeuern, anfeuern ...	knistern, qualmen, züngeln, lodern ...

Aufgabe 4

Individuelle Lösungen: Es ist darauf zu achten, dass die Sätze zur Stimmung, zu der Sprache und zu den Fakten des vorgegebenen Erzählbausteins passen.

Aufgabe 5

- Ich brenne vor Neugier – Ich bin besonders neugierig.
- Ich bin völlig abgebrannt! – Ich habe mein ganzes Geld ausgegeben.
- Gebranntes Kind scheut das Feuer. – Wer einmal schlechte Erfahrungen gemacht hat, ist danach vorsichtig.
- Es interessiert mich brennend. – Ich bin sehr daran interessiert.
- Es brennt mir auf der Seele. – Es ist für mich von großer Wichtigkeit.
- Wo brennt's denn? – Warum hast du es so eilig? Wo liegt das Problem?
- Es brennt mir unter den Nägeln! – Ich möchte gerne etwas sofort machen.
- Verbrenn dir nicht die Finger! – Pass auf! Sei vorsichtig mit dem, was du sagst oder tust!
- Wer nichts anbrennen lassen will – möchte nichts versäumen.

Seite 9 **Differenzierte Aufgabe 6**

Individuelle Lösungen: Die Stimmigkeit der Zordnung sollte gegeben sein, auch in Bezug auf die gewählte Art der Erzählung (Fantasie- oder realistische Erlebniserzählung), dabei sind viele Wörter möglich.

Seite 10 **Aufgabe 7**

Individuelle Lösungen: Hier sollte auch auf Stimmigkeit der Zuordnung geachtet werden.

Seite 11 **Differenzierte Aufgabe 8**

Individuelle Lösungen bei allen drei Niveaus: ■ Es sollten sich die Stichpunkte der Karteikarten wiederfinden.
■ Die Erzählsituation muss geklärt werden. ■ Es ist auf die Einhaltung der Ich-Perspektive zu achten.

Seite 12

1.2 Erzählende Texte schreiben

Lernstand

Aufgabe 1

Mögliche Antwort: Ich notiere meine Ideen in einer Stichwortsammlung. Dann ordne ich die Stichwörter in der richtigen Reihenfolge. Ich ordne sie den Teilen Erzählsituation, Ereignis und Ausgang zu.

Aufgabe2

Aufbau einer guten Erzählung: Erzählsituation – Ereignis – Ausgang

Aufgabe 3

Ich verwende wörtliche Rede und schildere Gestik, Mimik und Gefühle der Personen.

Aufgabe 4

Erzählungen werden im Präteritum verfasst. Aber bei Vorzeitigkeit benutzt man Plusquamperfekt.

Seite 13

Eine Erzählung planen

Aufgabe 1

Beispiellösung: klirrendes Geräusch; Gewitter; aufgewacht; Herz pocht; Angst, weil Jakob vermutet, alleine im Haus zu sein (dass die Eltern schon zurückgekommen waren, hat er nicht gewusst); Taschenlampe; Schatten; nachschauen

Aufgabe 2
Wer war beteiligt? Jakob, ein vermeintlicher Einbrecher
Wann ist es passiert? in der Nacht
Wo ist es passiert? im Haus der Eltern
Was ist genau passiert? Jakob hat ein Geräusch gehört und gedacht, dass ein Einbrecher da ist.

Aufgabe 3
1. Gewitter in der Nacht
2. Jakob davon aufgewacht; wollte das Licht anmachen, aber offensichtlich Stromausfall
3. Taschenlampe in der Nachttischschublade gesucht
4. Jakob zitternd die Treppe hinuntergegangen, um nachzuschauen, was genau passiert war
5. Vater hatte mittlerweile den Stromkasten repariert und dabei seine Taschenlampe fallenlassen
6. Vaters Hand fasste fest um Jakobs Schulter, Jakob erschrak
7. Sicherung wurde wieder repariert
8. Vater brachte Jakob zurück ins Bett

Seite 14
Eine Erzählung sinnvoll aufbauen

Aufgabe 1
Eine mögliche sinnvolle Reihenfolge ist:
Reihe 1: ① ③ ④ ⑧

Reihe 2: ⑦ ② ⑤ ⑥

Aufgabe 2
Erzählsituation: Gewitter in der Nacht ①, Jakob davon aufgewacht ②
Ereignis: Taschenlampe in der Nachttischschublade gesucht ③; Jakob zitternd die Treppe hinuntergegangen ④, Vater hat seine Taschenlampe fallenlassen ⑤, Hand fasste um Jakobs Schulter, Jakob erschrak ⑥
Ausgang: Sicherung ist repariert ⑦, Vater brachte Jakob zurück ins Bett ⑧

Aufgabe 3
Beispiellösung: Stromausfall mit Folgen, Eine unheimliche Nacht, Nächtliches Abenteuer

Seite 15 Differenzierte Aufgabe 4
Individuelle Lösung bei allen drei Niveaus: Überschriften müssen inhaltlich passend sein und Spannung für die Lektüre versprechen, die Begründungen in den beiden höheren Niveaus plausibel.

Aufgabe 5
Beispiellösung: Eines Abends, als Jakob ohne seine Eltern ins Bett gehen musste, da diese ausgegangen waren, zog ein Gewitter auf. Durch ein Geräusch schreckte Jakob aus dem Schlaf hoch. Er glaubte sich allein im Haus.

Aufgabe 6
Beispiellösung:
1. Sprechblase: Jakob ruft zaghaft: „Hallo, hallo, wer ist da?"
2. Sprechblase: Der Vater antwortet: „Jakob, ich bin es, der Papa. Die Sicherungen sind durch das Gewitter herausgesprungen. Ich musste sie reparieren. Sei ganz ruhig, es besteht kein Grund zur Sorge."

Aufgabe 7
Individuelle Lösung: Im Ereignis müssen alle dort vorgesehenen Bilder aus Aufgabe 2 in die Handlung aufgenommen sein. Das Erzähltempus ist das Präteritum.

Aufgabe 8
Papa und Jakob sprachen im Bett noch lange über diese Aufregung. (Die beiden Überschriften „Ende gut, alles gut" und „Manchmal kommt es anders ..." könnten eventuell auch angekreuzt werden, die beiden anderen ergeben aufgrund des in den Bildern dargestellten Handlungsverlaufs keinen Sinn. „Da hatten wir noch einmal Glück gehabt" setzte eine Ich-Erzählung voraus, die es nicht ist.)

Aufgabe 9
1) Papa sagte: „Sehe ich etwa aus wie ein Einbrecher?" – b) Jemand macht eine lustige oder ernste Bemerkung.
2) Als Jakob sich umdrehte, stand Papa vor ihm! Es war gar kein Einbrecher! – c) Es kommt zu einer besonderen Überraschung.
3) Jakobs Vater nahm sich vor, von nun an immer darauf zu achten, dass der Stromkasten funktioniert. – a) Die Beteiligten haben etwas aus dem Geschehen gelernt.

Seite 16
Eine Erzählung sprachlich richtig und anschaulich gestalten

Aufgabe 1
Verben ins Präteritum setzen:
sie hängen: sie **hingen**, er schaltet an: er **schaltete** an, ich lausche: ich **lauschte**, wir essen: wir **aßen**, du steigst ab: du **stiegst** ab, ihr erschreckt: ihr **erschrakt**, er putzt: er **putzte**, es fällt: es **fiel**, sie träumen: sie **träumten**, du schleichst: du **schlich(e)st**, ihr repariert: ihr **repariertet**, ich wache auf: ich **wachte** auf, sie dreht: sie **drehte**, wir bringen: wir **brachten**

Aufgabe 2
Nicht in der richtigen Zeit:
1. sind ausgegangen – waren ausgegangen,
2. trinkt – trank,
3. versorgt – versorgte,
4. bekommen – bekamen,
5. zieht – zog,
6. passt – passte,
7. fängt an – fing an,
8. macht – gemacht hatte,
9. kuschelt – kuschelte,
10. läuft – lief,
11. darf – durfte,
12. hat nicht sehen können – hatte nicht sehen können,
13. beeilt sich – beeilte sich,
14. setzt sich – setzte sich,
15. muss – musste

Seite 17 Aufgabe 3
Beispiellösung: […] **Sofort/gleich** war Jakob hellwach und setzte sich im Bett auf. **Schnell** tastete er im Dunkeln nach der Nachttischlampe. **Endlich/nach einer Weile** fand er den Schalter, doch das Licht ging nicht an! **Nun/sofort** wurde Jakob nervös, sein Herz begann zu klopfen. **Dann/schließlich/nun** suchte er seine Taschenlampe, die er immer griffbereit neben seinem Bett platziert hatte.

Aufgabe 4
Beispiellösung: sehen/schauen: gucken, blicken, beobachten, erspähen, wahrnehmen, erblicken, lugen, beäugen …

Seite 18 Differenzierte Aufgabe 5
Beispiellösung: donnernd trampeln, schnell rennen, zaghaft kriechen, fest stapfen, laut stampfen, leichtfüßig schweben, sich schnellen Schrittes davon machen …

Aufgabe 6
Zu streichen sind: hastig, geheimnisvoll, entsetzt, freudig, eifrig.

Seite 19 Differenzierte Aufgabe 7
■ Der Junge schaut nachdenklich, seine Haltung ist angespannt, bekümmerte Mine …
■ Mimik fröhlich, gut gelaunt und lachend …
Körperhaltung: gelöstes und entspanntes „Hängen" auf dem Schaukelreifen
■ Der eine Junge hat ein schon etwas zornrotes Gesicht, zieht die Augen zusammen, schaut böse, Kiefer angespannt, Zähne zusammengebissen, der andere versteckt sein Gesicht, hat die Hände und Arme in Abwehrhaltung …
Mögliche Gefühle: Zorn, Wut, Ärger, Anspannung, Angst …

Seite 20
Kompetenztest: Eine Erzählung überarbeiten
Aufgabe 2
Beispiellösung: Tarek hätte in einem Schreibplan festhalten können, was er zur Klärung der Erzählsituation als Einleitung und zum Ausgang der Geschichte als Schluss hätte schreiben können und er hätte eine Spannung erzeugende Überschrift finden müssen.

Seite 21 Aufgabe 3
zutreffende Kriterien der Checkliste: Zeile 3, 5, 6, 7

Aufgabe 4

Wer war beteiligt?	Lucy, die Katze Mimmi
Wann passierte es?	an einem sonnigen Tag
Wo passierte es?	im Garten
Was passierte genau?	Mimmi hatte sich hinausgeschlichen und wollte Vögel fangen, verfing sich dabei aber in einer Gießkanne

Aufgaben 5 und 6
In der Erzählung wird direkt mit dem eigentlichen Ereignis begonnen, auf die genaue Schilderung von Erzählsituation und Ausgang wurde verzichtet.

Plötzlich, als Lucys Eltern nicht zu Hause sind, war sie alleine zu Hause. Ihr ist langweilig und sie spielt mit der Katze. Im Wohnzimmer liegt ein alter Orientteppich von Opa, der so schöne Fransen hat. Diese versucht die Katze Mimmi immer zu fangen. Auch an einem Wollknäuel hatte sie Spaß und kann sich lange damit beschäftigen. Lucy überlässt der Katze das Wollknäuel und öffnet die Terrassentür. Lucy tritt plötzlich in den sonnigen Garten und beobachtet die Vögel, die in einem Strauch ein Nest bauen. Die Kleinen sind gerade erst geschlüpft und konnten nicht genug Futter bekommen. Lucy steht mit dem Rücken zur Tür und sieht nicht, was passiert. Plötzlich dreht Lucy sich um. Lucy fällt ein, dass Mimmi gar nicht in den Garten darf! Doch es ist zu spät. Plötzlich bemerkte Lucy, dass Mimmi nicht mehr auf dem Wohnzimmerteppich saß. Sie ergriff die Gelegenheit und schlich sich unbemerkt in den Garten. Lucy wusste nicht, was sie tun sollte, und fing plötzlich an zu weinen. Sie läuft im Garten umher und ruft immer wieder ihren Namen: „Mimmi, wo bist du?", „Mimmi, komm her!" Plötzlich hört Lucy etwas im Gebüsch rascheln. Lucy läuft darauf zu und kann ihren Augen kaum trauen. Plötzlich entdeckt sie Mimmi. Die Katze hat sich in einer alten Gießkanne verfangen, als sie sich an das Nest heranschleichen wollte. Gott sei Dank kommt sie nicht weit.

Fehler:
- Überschrift fehlt
- keine richtige Einleitung
- oft falsche Erzählzeit
- Wortwiederholungen
- keine Absätze
- kein klarer Aufbau
- sonstige Schreibfehler
- Text hört abrupt auf

Aufgabe 7
Beispiellösung:
Mimmi und die Gießkanne
Lucys Eltern waren heute in der Stadt, deshalb war Lucy alleine zuhause. Sie **hatte** Langeweile und **spielte** ein wenig mit der Katze. Im **Wohnzimmer lag** Opas alter Orientteppich, der so schöne Fransen hatte. Diese **versuchte** die Katze Mimmi immer zu fangen. Auch an einem Wollknäuel hatte sie Spaß und **konnte** sich lange damit beschäftigen.
So überließ Lucy der Katze das Wollknäuel und öffnete die Terrassentür. Sie trat in den sonnigen Garten und beobachtete die Vögel, die in einem Strauch ein Nest bauten. Die Kleinen **waren** gerade erst geschlüpft und **konnten** nicht genug Futter bekommen. Lucy **stand** mit dem Rücken zur Tür und **sah** nicht, was passierte. **Plötzlich drehte** Lucy sich um. **Ihr fiel ein**, dass Mimmi gar nicht in den Garten **durfte**! Doch es **war** zu spät. Lucy bemerkte, dass Mimmi nicht mehr auf dem Wohnzimmerteppich saß. **Mimmi** hatte die Gelegenheit ergriffen und sich unbemerkt in den Garten geschlichen. Lucy wusste nicht, was sie tun sollte und fing plötzlich an zu weinen. Sie **lief** im Garten umher und **rief** immer wieder Mimmis Namen: „Mimmi, wo bist du?", „Mimmi, komm her!" **Auf einmal hörte** Lucy etwas im Gebüsch rascheln. **Sie lief** darauf zu und **konnte** ihren Augen kaum trauen.
Sie entdeckte Mimmi! Die **Katze hatte** sich in einer alten Gießkanne verfangen, als sie sich an das Nest heranschleichen wollte. Gott sei Dank **war** sie nicht **weit gekommen, sodass den Vögeln nichts passiert war.**

Lucy fiel ein Stein vom Herzen und sie nahm sich vor, in Zukunft noch besser darauf zu achten, dass Mimmi nicht unbeaufsichtigt in den Garten gelangen konnte.

Aufgabe 8
Individuelle Lösung

Seite 22

1.3 In Briefen und E-Mails argumentieren

Lernstand

Aufgabe 1
Beispiellösungen:

- Formelle Briefe oder E-Mails haben immer einen festgelegten Aufbau. Bei Mails wird dieser durch den Computer vorgegeben.
- Im Brief steht die eigene Adresse vor der des Adressaten.
- In der Betreffzeile wird der Grund oder der Anlass des Schreibens genannt.
- Die Anredepronomen schreibt man groß, da es vermutlich ein Adressat ist, den man siezt.
- Die Grußformel ist höflich und spiegelt das Verhältnis zum Adressaten wieder.

Aufgabe 2
Individuelle Lösungen

Briefe adressatenorientiert formulieren

Seite 23 **Aufgabe 1**
Es sind häufig mehrere, auch andere Lösungen möglich:
a) Liam schreibt an einen Freund. **(1,E)**
b) Mutter schreibt aus dem Urlaub an die Nachbarin. **(4,D)**
c) Samuel schreibt seinem Klassenlehrer. **(2,D)**
d) Mutter schreibt ihrem Kind. **(1/3/5,A/C)**
e) Enya schreibt ihrer Lehrerin, die im Krankenhaus liegt. **(4, B/D)**
f) Vater beschwert sich in einem Brief beim Nachbarn. **(2,D)**
g) Petra schreibt ihrer Schwester aus dem Urlaub. **(3/5, A/C/E)**
h) Oma schreibt ihrem Enkel zum Geburtstag. **(1/5,A/C)**

Aufgabe 2

	Datum ergänzen
Lieber Herr Polizeiobermeister Karl Huber.	**Sehr gehrter Herr Huber,**
Mein Freund Jan, ~~der der netteste Junge in unserer Klasse ist~~, ist nicht schuld am Unfall von vor einigen Tagen. Ich habe deutlich gesehen, dass er ein Handzeichen gegeben hat, als er nach links in die Waldstraße abgebogen ist.	**vom 27.4.2017**
Weil ich bin nur 20 Meter hinter ihm gefahren. Wenn dir der Autofahrer gesagt hat, dass Jan das nicht getan hat, dann ist das voll die Lüge. Ich habe nämlich auch gesehen, dass der Typ gerade mit seinem Handy herumgemacht hat,	**Denn** **Ihnen** **trifft das nicht zu** **Autofahrer** **gespielt hat**
als er an mir vorbeigefahren ist. Danke, dass du mir zugehört hast. Viele Grüße deine Paula Schiller	**Ich danke Ihnen für Ihr Interesse. Mit freundlichen Grüßen Ihre**

Seite 24

Einen sachlichen Brief inhaltlich planen

Aufgabe 1
Anlass: Neue Spielgeräte für Ganztagsbetreuung
Unser Vorschlag: Ein Acht-Personen-Kicker
Erster Grund: Mehr Kinder gleichzeitig beteiligt
Erläuterung: Mehr Spielanteil für alle, kürzere Wartezeiten für die Zuschauer
Zweiter Grund: Turniere mit Mannschaften möglich
Erläuterung: Zusammengehörigkeitsgefühl gestärkt

Differenzierte Aufgabe 2
Beispiellösung:
Lösungen für die beiden ersten Niveaus sind in der folgenden Beispiellösung enthalten.
■ Die Reihenfolge der Gründe wurde geändert.

Neustadt, 26. 6. 2017

Sehr geehrte Frau Klarmann,

wir, die Klasse 5a, **haben gehört, dass die Schule Spielgeräte für die Ganztagebetreuung anschaffen will. Dazu** möchten **wir** Ihnen einen Vorschlag machen: Kaufen Sie einen Acht-Personen-Kicker. Denn der ist zwar teurer, hat aber echte Vorteile. Zunächst einmal ist es spannender, wenn man richtige Mannschaften bilden kann, die in Turnieren gegeneinander spielen. **Dadurch wird das Zusammengehörigkeitsgefühl gestärkt.** Und außerdem können viel mehr Kinder gleichzeitig spielen, **sodass die Wartezeiten kürzer sind und mehr Schüler spielen können.** Wir würden uns sehr freuen, wenn Sie unseren Vorschlag berücksichtigen.

Mit freundlichen Grüßen
Ihre Klasse 5a

Seite 25

Begründungen sammeln und ordnen

Aufgabe 1
Zu markieren ist: Aber ein bisschen Angst vor dem vielen Lernen (= Grund 1) und den schweren Prüfungsaufgaben (= Grund 2) habe ich schon.

Aufgabe 2
Individuelle Lösungen: Es ist darauf zu achten, dass tatsächlich sinnvoll auf den genannten Grund eingegangen wird.

Aufgabe 3
Beispiellösungen:
persönliche Gründe: die Schule liegt sehr günstig zu meiner Wohnung
mehr Möglichkeiten in der Zukunft: Auslandsaufenthalt, breitere Wahlmöglichkeiten in den Ausbildungsrichtungen
interessante Fächer: breites Angebot an Wahlfächern
attraktivere Schule: schönes neues Gebäude, sehr gutes Angebot an Sportmöglichkeiten, breites Unterstützungsangebot

Differenzierte Aufgabe 4
Beispiellösung
Beispiellösung enthält Lösungen für alle drei Niveaustufen.

■ Hallo Hanna,

ich kann mir vorstellen, dass die Entscheidung, auf welche Schule du gehen sollst, dir nicht leicht fällt. Ich habe mich aus vielen verschiedenen Gründen für mein Gymnasium entschieden.
Es hat als Schule einen guten Ruf, und den kann ich nur bestätigen: Wir haben tolle Lehrer und ein schönes und modernes Schulhaus. Für ein Gymnasium habe ich mich deshalb entschieden, weil ich mehr Fremdsprachen lernen kann als z. B. an einer Mittelschule. Außerdem wollte ich unbedingt Latein lernen und das gibt es an keiner anderen Schulform. Die Noten in meinem Übertrittszeugnis waren auch gut genug für das Gymnasium. Ehrlich gesagt hat auch meine beste Freundin diese Schulwahl getroffen und das war schon auch wichtig für mich, aber das spielt ja bei dir keine Rolle. Außerdem habe ich nach der Schule ein breiteres Angebot für meinen weiteren Weg: Ich kann eine Ausbildung machen, aber ich kann auch studieren. Ich weiß jetzt noch nicht genau, was ich machen will. Aber ich habe ja noch Zeit bis zu dieser Entscheidung. In meiner Schule gibt es außerdem viel Unterstützungsangebote, wenn es mal nicht so gut läuft. Da muss man keine Angst vor schweren Prüfungen haben.
Hoffentlich können dir diese Informationen bei deiner Entscheidung helfen.

Liebe Grüße deine
Julia

Seite 26

■ 1.4 Informierende Texte schreiben

Lernstand

Aufgabe 1
Beispiellösung

	Bericht	Beschreibung
Aufbau	*Einleitung:* Beantwortung der Fragen: was? wann? wo? *Hauptteil:* Beantwortung der Fragen: wer? wie genau? *Schluss:* mit welchen Folgen?	*Einleitung:* Was oder wer wird warum beschrieben? *Hauptteil:* Bei einem Vorgang – Einzelheiten des Vorgangs in chronologischer Reihenfolge *Schluss:* Anlass der Information oder Folgen
sprachliche Gestaltung	sachlich, genau	sachlich, aber doch genau und anschaulich
Zeitform	Präteritum	Präsens
Das solltest du vermeiden	persönliche Kommentierung, Gefühle, wörtliche Rede	persönliche Kommentierung, Gefühle, wörtliche Rede

Aufgabe 2
Individuelle Lösungen

Seite 27

Informationen für einen Bericht sammeln, ordnen und adressatengerecht weitergeben

Aufgabe 1
1. Reihe: ⑥ ④ 2. Reihe: ② ⑤ 3. Reihe: ③ ①

Aufgabe 2
Informationen stehen hier in der richtigen Reihenfolge:
① Paula, Jakob und Tarek stehen mit anderen Kindern vor dem Zirkuszelt, ein größerer Junge in Jeans und blauem T-Shirt steht auch in der Schlange.
② Der größere Junge aus Tareks Schule in Jeans und blauem T-Shirt nimmt Tarek die Baseballmütze ab.
③ Der Junge wirft die Mütze über Tarek hinweg einem anderen Jungen auf der Wiese vor dem Zirkuszelt zu, im Hintergrund stehen ein Junge und ein Mädchen und schauen zu.
④ Tarek hat den Schirm der Mütze zu fassen bekommen und reißt daran, der Rest ist in der Hand des größeren Jungen, die anderen schauen zu und johlen.
⑤ Die zerrissene Mütze liegt auf dem Boden, Tarek weint, die Anderen laufen weg.
⑥ Der Zirkusdirektor kommt hinzu, sieht ratlos und fragend aus und Tarek zeigt auf seine Mütze.

Seite 28 **Differenzierte Aufgabe 3**
■ **Wer?** Tarek, Paula, Jakob, Lisa, Karl, Zirkusdirektor; Kai, ein bekannter älterer Junge aus Tareks Schule
Wie? Kai nimmt Tarek Baseballmütze aus Amerika ab, Lisa und Karl haben nicht geholfen, einige haben sogar angefeuert
Was? Tareks Mütze wird kaputt gemacht
Warum? keine Infos in Paulas Bericht
Wann? gestern, 15.30 Uhr
Wo? auf der Wiese vor dem Zirkuszelt
Welche Folgen? Tareks Mütze ist kaputt
■ Reihenfolge: (1) Was? (2) Wann? → (3) Wer? (4) Wie? (5) Warum? → (6) Mit welchen Folgen?
■ Ergänzt werden müssen die Infos zu: **Wie genau?:** Kai reißt Tarek die Mütze vom Kopf, wirft sie einem anderen Jungen aus Tareks Schule zu, Tarek bekommt sie zu fassen, beide ziehen an der Mütze, sodass sie zerreißt; **Warum?** die größeren Jungs wollen sich eine Spaß auf Kosten von Tarek machen; **Evtl. genauer Welchen Folgen?** Tarek beschwert sich beim Zirkusdirektor über die zerrissene Mütze, beide überlegen, was man tun könnte.

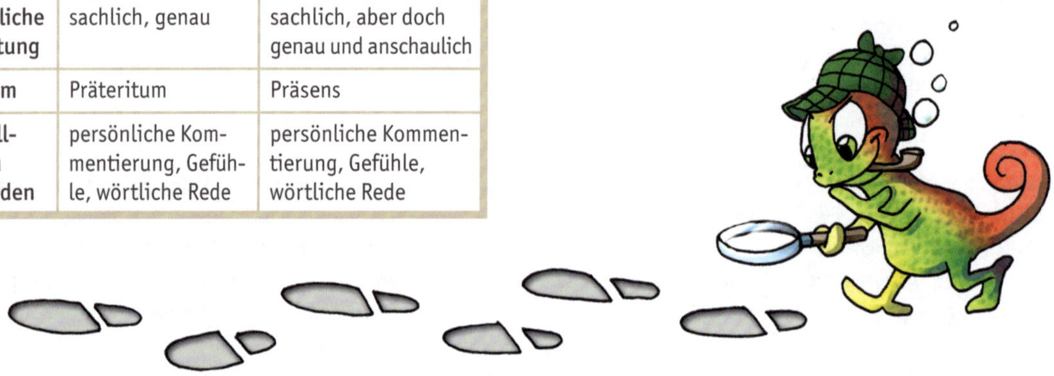

Seite 29 Aufgabe 4

Unterringelt werden müssen:
Tierpfleger: Ein unfairer Kampf - klein gegen groß!
Kassiererin: nette, schicke
Popcornverkäuferin: Mir tat der Junge so leid. Er heulte Rotz und Wasser.
Clown: Ich war schockiert, blöd, dumm
Schlangenfrau: in der Mitte
Dompteur: feigen

Aufgabe 5

Persönliche Bewertungen und Gefühle

Differenzierte Aufgabe 6

Tierpfleger: Ich war um 15 Uhr bei den Tieren im Stall und konnte von dort beobachten, wie sich die zwei Jungen hinter dem Zirkuszelt geprügelt haben.
Kassiererin: Der Junge stand mit anderen Schülern in der Klasse, als ein größerer Junge ihm plötzlich seine Mütze wegnahm.
Clown: Die anderen Kinder standen einfach nur da und haben zugeschaut.
Schlangenfrau: Die beiden Jungen zogen an der Baseballmütze, dabei ist diese zerrissen.
Dompteur: Die Übeltäter liefen einfach davon.

Seite 30 Aufgabe 7

Sehr geehrter Herr Dr. Baumann,

gestern kam es vor dem Zirkuszelt zu einem üblen Vorfall zwischen Tarek und Kai, bei dem Tareks ~~coole~~ Baseballmütze zerrissen wurde.	zu einer Auseinandersetzung
Wir haben gegen 15 Uhr vor dem Zirkuszelt in der Schlange gewartet.	warteten
Dann zog ~~der fiese~~ Kai aus unserer Schule~~,~~ Tarek einfach so dessen Mütze vom Kopf.	Da ohne ersichtlichen Grund
Dann hat sich Kai die Mütze über Tareks Kopf mit einem anderen Jungen, der auch in Kais Klasse ist, zugeschmissen.	Kopf und warf sie sich mit einem andern Jungen, ..., über Tareks Kopf hinweg zu.
Da ihm keiner half, versuchte Tarek ~~dann~~ sich die Mütze zurückzuholen. Zum Glück erwischte er sie. Aber Kai bekam sie ~~dann~~ auch wieder am anderen Ende zu fassen. ~~Wirklich doof!~~	Tarek erwischte sie tatsächlich dabei
Dann haben beide Jungen an der Mütze gezogen.	Jetzt zogen

Aufgabe 8

Beispiellösung:

Gestern Nachmittag kam es vor dem Zirkuszelt zu einer Auseinandersetzung zwischen zwei Schülern, Tarek und Kai, wobei Tareks Baseballmütze zerrissen wurde.
Tarek, Paula und Jakob standen um 15 Uhr vor dem Zirkuszelt in der Schlange, als ein größerer Junge, es handelte sich um Kai aus der Schule der Kinder, der ebenfalls dort wartete, sich Tarek zuwandte und ihm seine Mütze vom Kopf zog. Kai warf sie sich mit einem anderen Jungen, der auch in Kais Klasse war, über Tareks Kopf hinweg zu. Die umstehenden Kinder schauten nur zu und halfen nicht. So versuchte Tarek alleine, seine Mütze, die er aus Amerika mitgebracht hatte, wiederzubekommen. Tarek erwischte sie tatsächlich, aber Kai bekam sie auch wieder am anderen Ende zu fassen. Jetzt zogen beide Jungen an der Mütze, sodass die Mütze zerriss und zu Boden fiel. Daraufhin begann Tarek zu weinen. Als der Zirkusdirektor hinzukam, waren die größeren Jungen und die Schaulustigen weggelaufen.
Mithilfe dieses Berichtes kann der Schulleiter hoffentlich die Schuldigen zur Rechenschaft ziehen.

Seite 31

Kompetenztest: Sachlich berichten und argumentieren

Aufgabe 1

- 17.00 Uhr
- Elefant stand in meinem Blumenbeet
- Zirkus Santonini seit dem 10.09. auf der Wiese vor der Stadt
- Polizei kam zwanzig Minuten später zusammen mit dem Zirkusdirektor nach Anruf
- Elefant ließ sich einfangen und zum Zirkus zurückbringen
- Fußfessel von Maja, der Elefantendame, hatte sich gelöst
- Elefantenpfleger hatte sofort um 14.00 Uhr die Polizei informiert
- drei Gärten in der Alleestraße sind völlig verwüstet

Aufgabe 2

Wer? Elefantendame Maja, Frau Mieser, Zirkus Santonini
Was? Elefant ist Zirkus entlaufen, spazierte drei Stunden durch Stadt, verwüstete drei Gärten
Wann? 14.00 bis 17.00 Uhr, letzter Abend des Zirkus in der Stadt
Wo? Alleestraße
Wie? Fußfessel hatte sich gelöst
Warum? ungeklärt
Welche Folgen? niemand verletzt, drei Gärten völlig verwüstet

Aufgabe 3

Beispiellösung:

Elefantendame entlaufen

An seinem letzten Auftrittstag entlief aus dem Zirkus Santonini die Elefantendame Maja. Sie konnte nach einem dreistündigen Spaziergang durch die Stadt in einem Garten der Alleestraße wieder eingefangen werden. Abgesehen von drei verwüsteten Gärten kam es zu keinen Schäden. Maja war am Nachmittag zum Grasen im Freien mit einer Fußkette auf einer Wiese angepflockt worden.
Gegen 14.00 Uhr entdeckte ihr Elefantenpfleger, dass sich die Fußfessel auf ungeklärte Weise gelöst hatte und Maja verschwunden war. Nachdem der Pflerger umgehend die Polizei verständigt hatte, blieb die Suche nach dem Elefanten zunächst erfolglos. Erst der Anruf von Frau Miesers Ehemann – Frau Mieser hatte den Elefanten gegen 17 Uhr in ihrem Garten entdeckt – konnte den entscheidenden Hinweis geben. Die Elefantendame wurde umgehend von der Polizei und dem Zirkusdirektor abgeholt. Dieser versicherte den geschädigten Gartenbesitzern für die entstandenen Schäden aufzukommen.

Aufgabe 4

Beispiellösung:

Sehr geehrter Herr Santonini,

ich habe gestern in der Zeitung gelesen, dass sich ein Elefant von seiner Fußfessel auf dem Zirkusgelände losgerissen und anschließend den Garten eines Ehepaares verwüstet hat.

Ich schreibe Ihnen heute, weil ich Sie fragen möchte, ob es keine andere Möglichkeit gibt, einen Elefanten auf dem Zirkusgelände festzuhalten als mit einer Fußfessel. Diese Fußfessel scheint auch dem Elefanten nicht wirklich zu gefallen, sonst hätte er sich wahrscheinlich nicht losgerissen. Ich kenne mich ja nicht wirklich gut aus mit der Haltung von Elefanten, aber wäre es nicht besser, ihn auf einem Stück Wiese zu halten , dass man mit einem elektrisch geladenen Zaum umspannt - natürlich nur mit so geringem Strom, dass der Elefant keinen Schaden erleidet?

Die Fußfessel könnte doch auf die Dauer die Haut des Elefanten verletzen und dann wird er deshalb vielleicht wütend und reißt sich los.

Bitte denken Sie darüber nach, ob es eine andere Möglichkeit gibt.

Über eine Antwort würde ich mich freuen.
Sonja Beierlein

Seite 32

In einem Bericht eine Person beschreiben

Aufgabe 1

Kleidung	Aussehen
• **T-Shirt:** himmelblaues Kurzarm-T-Shirt mit dunkelblauem Doppelstreifen über der Schulter und einem Fleck oberhalb des Bauches • **Hose:** graue knielange Hose mit aufgesetzten Taschen an beiden Hosenbeinen • **Strümpfe:** bunt gestreifte, sehr kurze Söckchen • **Schuhe:** grün-weiße knöchelhohe Turnschuhe mit rotem Schnürsenkel im linken und blauem Schnürsenkel im rechten Schuh	• **Haare:** kurze, blondgelockte Haare • **Gesicht:** Sommersprossen auf der kurzen, leicht knuppeligen Nase; dichte, auffallende Augenbrauen • **Körperbau:** leicht untersetzt, stämmige Arme und Beine, leichter Bauchansatz • **Besonderheiten/Auffälligkeiten:** ein Lederbändchen am linken Handgelenk, ein Pflaster am rechten Schienbein

Differenzierte Aufgabe 2

Die Lösungen der drei Niveaustufen ist in der kompletten Lösung der Aufgabe 1 enthalten. Die unbeschrifteten Äste der Mind-Map zur Kleidung sind mit den Angaben zu Hose und Strümpfe zu vervollständigen .

Die Mind-Map zum Aussehen enthällt die vier Äste zu den Haaren, dem Gesicht, dem Körper und zu den Besonderheiten/Auffälligkeiten.

Aufgabe 3

Beispiellösungen:

Kleidung: Der unbekannte Junge trägt eine kurze graue Hose, an deren beiden Hosenbeinen an der Seite jeweils eine Tasche aufgesetzt ist. Darüber ist er mit einem himmelblauen T-Shirt bekleidet, das kurze Ärmel hat und einen dunkelblauen Doppelstreifen entlang der Schultern und Ärmel aufweist. Unterhalb der rechten Brust ist ein dunkler Fleck auf dem T-Shirt zu sehen.
Besonders auffällig sind die grün-weiß-farbigen knöchelhohen Turnschuhe, wobei im linken Schuh ein blauer Schnürsenkel und im rechten Schuh ein roter Schnürsenkel eingezogen ist.
In den Turnschuhen trägt der Junge bunt gestreifte, sehr kurze Söckchen.

Aussehen: Der unbekannte Junge hat kurze blonde Locken, die ihm in die Stirn fallen und die Ohren frei lassen. Im Gesicht sind besonders die Sommersprossen über der etwas knuppeligen Nase und die dichten Augenbrauen auffällig. Der Junge ist insgesamt etwas untersetzt, d. h. er hat kurze stämmige Beine und Arme und auch einen leichten Bauchansatz. Als besondere Kennzeichen sind ein Lederbändchen am linken Handgelenk und ein Pflaster am rechten Schienbein zu erwähnen.

Seite 33

Eine Vorgangsbeschreibung vorbereiten

Aufgabe 1

Zutatenliste: Dose Kokosöl, 100g-Packung Popcorn-Mais, Tüte Kokoszucker, Päckchen Vanillepulver, Päckchen Zimt

Küchenutensilien: Teelöffel, großer Topf, kleiner Topf (evtl. Schüssel), Herd oder Herdplatte, Kochlöffel

Seite 34 Aufgaben 2 bis 4

Schon in der richtigen Reihenfolge:

1. Schritt – Tarek: Zunächst gibt man einen Esslöffel Kokosöl zusammen mit nur drei Maiskörnern in einen Topf und setzt den Deckel auf diesen. **Dann** stellt man den Topf bei mittlerer Hitze solange auf die heiße Herdplatte, bis die drei Körner aufpoppen.

2. Schritt – Paula: Als nächstes nimmt man die drei fertig aufgepoppten Körner aus dem Topf und füllt den restlichen Mais hinein. **Anschließend** stellt man den mit dem Deckel fest verschlossenen Topf wiederum auf die heiße Herdplatte und wartet, bis alle Maiskörner aufgepoppt sind.

3. Schritt – Jakob: In der Zwischenzeit erwärmt man das restliche Kokosöl in einem kleinen Topf. **Sobald** es geschmolzen ist, rührt man im Anschluss den Kokoszucker sowie Vanille und Zimt vorsichtig ein. **Abschließend** gibt man die flüssige Mischung über das fertige Popcorn und mengt, z. B. mithilfe eines Kochlöffels, alles gut durch.

Seite 35

Eine Vorgangsbeschreibung verfassen

Aufgabe 1

Individuelle Lösungen: Vermutung, dass entweder im Pappbecher selbst oder an der Karte eine Halterung/Verstärkung angebracht sein muss

Aufgabe 2

Nummer 3: leerer Pappbecher wird auf aufrecht stehender Karte abgestellt	**Nummer 2:** Spielkarte (Vorder- und Rückseite) sowie leerer Pappbecher werden dem Publikum gezeigt
Nummer 1: Utensilien zur Vorbereitung des Tricks werden bereitgelegt	**Nummer 4:** Spielkarte wird wieder von Pappbecher genommen

Seite 36/37 **Aufgaben 3, differenzierende Aufgabe 4 und 5**

Für den Zaubertrick benötigt man eine präparierte Spielkarte sowie **einen Pappbecher.**

Aufgabe 5: Damit der Pappbecher später auf der Karte stehen bleibt, muss man als erstes eine weitere Spielkarte mit einer Schere in der Mitte längs durchschneiden. Danach benötigt man ein Stück Tesafilm. Mit dem Klebestreifen wird die halbe Spielkarte nun so auf die Rückseite der vollständigen Spielkarte geklebt, dass eine Klappe entsteht. Ist diese Klappe geschlossen, hat *der Zuschauer* den Eindruck, dass es sich nur um eine Spielkarte handelt.

Zunächst zeigt man dem Publikum die Karte von Vorder- und **Rückseite** sowie den Becher, um zu beweisen, dass daran nichts Außergewöhnliches ist. (**Aufgabe 4:** Ersetzung von *dann*) **Daraufhin** (**Aufgabe 4:** einheitliche man-Konstruktion) *stellt man/~~stellst du~~* die Karte mit der **Vorderseite** zum Publikum (**Aufgabe 4:** Ersetzung von Publikum) vor *sich/~~dich~~* auf und *hält sie/~~hältst sie~~* mit der **rechten** Hand fest. **Jetzt** deutet man den Zuschauern gegenüber mehrere Versuche an, den Pappbecher auf die Karte zu stellen. Durch diese Versuche *kann man/~~kannst du~~* die Karte so abdecken, dass man dann die **Klappe** mit dem **Daumen** öffnen und diese ***sodann*** in die Mitte der Karte schieben kann.

Anschließend stellt der Zauberer den Pappbecher **auf** der Karte und der geöffneten Klappe ab und macht für die Zuseher ein paar magische Handbewegungen. Der Pappbecher scheint so auf der Karte zu **stehen/balancieren.** **Nun** nimmt man den Becher wieder von der Karte. Dazu hält man Becher und Karte fest und schließt **daraufhin** mit dem rechten Daumen wieder die **Klappe.** **Danach** zeigt man zum Schluss dem Publikum nochmals die Karte und den Becher.

Seite 38

Eine Vorgangsbeschreibung trainieren

Aufgabe 1

(2) den Ring locker mit der Schnur zu einem einfachen Knoten verknoten

(5) unter dem Tuch Schlaufe so lockern, dass Ring hindurch passt; Ring durch die Schlaufe zurückschieben

(7) Ring noch auf Schnur, aber nicht mehr im Knoten

Differenzierte Aufgabe 2

Beispiellösung:

Der magische Hexenknoten: Für eine gelungene Vorführung des Zaubertricks musst du dir zunächst alle benötigten Materialien bereitlegen: ein Zaubertuch, eine Schnur und einen Ring.

Zunächst zeigst du dem Publikum alle Materialien, damit es sieht, dass nichts gezinkt ist. Dann verknotest du den Ring locker mit der Schnur mit einem einfachen Knoten. Der Ring wird unter dem Zaubertuch versteckt. Ein Zuschauer hält beide Enden des Seils, damit das Publikum sieht, dass alles mit rechten Dingen zugeht. Der Zauberer, also du, lockert unter dem Tuch den Knoten so, dass die Schlaufe größer als der Ring ist. Dann kannst du den Ring an der Schnur entlang durch die Schlaufe schieben. Wenn der Zuschauer an beiden Enden des Seils zieht, wird das Zaubertuch gelüftet. Was für eine große Überraschung: Der Ring ist noch auf der Schnur, aber nicht mehr im Knoten.

Zum Schluss noch ein Tipp: Wenn du das Licht im Vorführraum etwas dämpfst, wirkt alles geheimnisvoller.

Seite 39

Kompetenztest: Eine Vorgangsbeschreibung überarbeiten

Aufgaben 1, 2 und 3

Lieber Jakob,

vielen Dank für deine Mail. Ich kenne übrigens auch einen Seiltrick, den ich dir jetzt beschreibe. Zunächst lässt du die Zauberschnur und den Ring von einem Zuschauer genau untersuchen. Niemand soll nämlich glauben, dass der Ring nicht ganz geschlossen ist. Anschließend wird der Ring mit der Schnur verknotet, wie du in der Abbildung A sehen kannst. **Daraufhin** gibst du die beiden Enden der Schnur einem Zuschauer zu halten. Es erscheint jedem unmöglich, den Ring aus der Verknotung, die man auf Bild B sieht, zu befreien. **Nun** deckst du das Tuch über den Ring und entfernst die Schnur. **Das machst du, indem du das hintere Ende der Schnur über den Ring schiebst.** Der Zuschauer lässt dabei die Schnur nicht los. **Schließlich** sprichst du den Zauberspruch „Eins, zwei, drei, Ring sei frei!", bittest den Zuschauer die Schnur wegzuziehen und hebst dabei das Tuch hoch: Der Ring ist befreit. Das musst du aber ein paar Mal üben, bevor du den Trick vorführst.

Liebe Grüße

Jan

Tipps

Generelle Übungsmöglichkeiten beim Schreiben:

- Achte auf eine saubere Schrift und verbessere, indem du durchstreichst und die Korrektur über das Durchgestrichene schreibst. Ein klares Schriftbild hilft dir auch beim Überarbeiten.
- Setze dich zum Schreiben an einen Tisch. Achte auf die richtige Höhe der Tischplatte. Trainiere das Schreiben mit dem Füller immer wieder.
- Zur Verbesserung deiner Handschrift kannst du mit Wachsmalkreiden Schwungübungen machen. Lockere deine Handgelenke durch kreisende Bewegungen und das Ballen und Öffnen deiner Hände zwischendurch.
- Übertrage die Checkliste auf ein DIN-A4-Blatt und verwende sie bereits beim Planen:

Checkliste: Kriterien für eine gelungene Erzählung	
Die Erzählung hat drei Teile: Erzählsituation, Ereignis, Ausgang.	
Die Überschrift passt zum Thema des Aufsatzes.	
In der Erzählsituation wurden die wichtigen Fragen Wer?, Wann?, Wo?, und Was? beantwortet.	
Der Aufsatz ist in der Zeitform Präteritum geschrieben.	
Um die Erzählung lebendig zu gestalten, wurde die wörtliche Rede verwendet.	
Auch die Mimik, Gestik und die Gefühle der Personen wurden beschrieben.	
Im Aufsatz kommen verschiedene Verben und viele Adjektive vor.	
Die Reihenfolge der Ereignisse ist gut nachvollziehbar.	
Der Höhepunkt, bei mehreren Episoden mehrere Höhepunkte, ist (sind) spannend geschrieben.	
Der Aufsatz hat unterschiedliche Satzanfänge und vermeidet Wiederholungen.	
Die Erzählung wird durch einen nicht zu langen Schluss abgerundet, der den Ausgang der Handlung beschreibt.	

Wenn du noch Probleme beim Erzählen hast:

Sammle so Ideen:

Stichwortzettel

Schreibe dein Thema oben auf ein Blatt Papier. Notiere dann alle Gedanken und Ideen, die dir einfallen, als Stichwörter. Schreibe sie untereinander. Wenn du fertig bist, kannst du durchstreichen, was deiner Meinung nach überflüssig ist.

Stichwort-Blitzlicht

Schreibe fünf Minuten lang die Ideen, Gedanken und Erfahrungen zu dem Thema auf kleine Zettel oder Karteikärtchen. Dann lege alle Karten auf den Tisch oder den Fußboden und ordne sie danach, wie sie zusammengehören könnten. Jetzt kannst du sie auf ein Blatt kleben.

Cluster

Schreibe in die Mitte eines quer gelegten Blatts ein Thema, einen Gedanken, ein Gefühl. Zeichne einen Kreis um diesen Kern. Schreibe um die Mitte herum in Stichpunkten alles auf, was dir dazu einfällt. Umrahme jede einzelne Notiz und verbinde sie durch Linien mit dem Kern. Lass dich von deinen ersten Ideen zu neuen Gedankengruppen anregen und verbinde durch Linien, was deiner Meinung nach zusammengehört. Sammle so lange weiter, bis deine Skizze wie eine Traube aussieht.

Beachte die Merkmale einer schriftlichen Erzählung:

Zeichne die Spannungskurve, die für den Aufbau einer Erzählung mit einem Höhepunkt steht, in dein Heft. Beschrifte sie mit Erzählsituation – Ereignis – Ausgang.

Ergänze folgende Merkmale einer guten Erzählung in oder über der Kurve an richtiger Stelle:

- Überschrift: muss neugierig machen
- Gehört zur Erzählsituation: Wer? Wo? Wann? Was?
- Gehört zum Ereignis: lang, wichtig, spannend, Höhepunkt(e)
- Gehört zum Ausgang: Ausgang und/oder Folgen der Geschichte

Schreibe an passender Stelle zur Spannungskurve die beiden folgenden Punkte:

- Erzählzeit: Präteritum
- Ausführung: Gefühle wiedergeben, Gedanken äußern, wörtliche Rede einfügen, anschauliche Adjektive und Verben verwenden.

So hast du eine Hilfestellung beim Schreiben der Erzählung, die du immer wieder nutzen kannst.
Lege dir ein solches Bild auch für eine Erzählung mit mehreren Höhepunkten (Episoden) an.

→

Wenn du noch Probleme beim Verfassen informierender Texte hast:

Beantworte für einen Bericht die W-Fragen:

Erstelle mithilfe der W-Fragen einen Schreibplan nach folgendem Muster:

Einleitung: **Wo?** (Ort)
Wann? (Zeit)
Wer? (Beteiligte)
Was? (Art des Geschehens, z. B. *Zusammenstoß, Sportfest ...*)

Hauptteil: Einzelheiten des Vorfalls in exakter zeitlicher Reihenfolge: **Was genau?**
Wie genau?
Warum?

Schluss: Folgen des Vorfalls und Ergebnisse
Welche Folgen?

Gehe so beim Beschreiben vor:

- Mache dich mit der zu beschreibenden Person, dem zu beschreibenden Vorgang vertraut. Schaue dir alles genau an und kläre Einzelheiten, die du nicht verstehst.
- Plane die Beschreibung gründlich. Lege dazu einen Schreibplan an oder mache dir Notizen. Suche bei der Personenbeschreibung nach sinnvollen Oberbegriffen oder passenden Gliederungsschritten. Sortiere deine Beobachtungen entsprechend. Bei der Vorgangsbeschreibung gib die Abfolge des Vorgangs die Reihenfolge im Hauptteil vor.
- Gliedere die schriftliche Beschreibung folgendermaßen:
  - Benenne in der Einleitung, welche Person oder welcher Vorgang beschrieben werden soll. Gib bei einer Vorgangsbeschreibung an, welche Vorbereitungen und Hilfsmittel eventuell benötigt werden.
  - Beschreibe im Hauptteil nun Einzelheiten: Beschreibe bei einer Person zunächst alles Auffällige, blicke dann schrittweise auf Besonderheiten. Bei einer Vorgangsbeschreibung orientierst du dich an der zeitlichen Aufeinanderfolge der Schritte des Vorgangs.
  - Runde deine Beschreibung mit einem Schlusssatz ab. Benenne zum Beispiel das Ergebnis des beschriebenen Vorgangs oder gib noch einmal ein Einschätzung der gesamten Person, die du beschrieben hast.
- Formuliere die Beschreibung im Präsens.

Wenn deine Schreibprodukte im Allgemeinen noch fehlerhaft sind:

Beachte beim Anlegen eines Schreibplans:

- Mache dir bewusst, ob du einen sachlich-informierenden Text schreiben sollst oder ob du einen unterhaltsamen, also z.B. spannenden und lebendigen Text schreiben sollst. Kläre also die Wirkungsabsicht.
- Mithilfe von Stichwörtern kannst du jetzt den Aufbau und die Inhalte des Textes planen.
- Überlege dir, welche Inhalte in die Einleitung, welche in den Hauptteil müssen und auf welche Weise du den Text im Schluss abrundest, plane also wo was genau formuliert werden muss.
- Notiere dir auf deinem Schreibplan zusätzlich Hinweise, welche sprachlichen Mittel du einsetzen musst, um die Wirkungsabsicht des Textes zu erreichen.

Beachte folgende Tipps für die Überarbeitung deiner eigenen Texte:

- Benutze ein Wörterbuch zum Überprüfen deiner Rechtschreibung.
- Mache Texte anschaulicher durch Hinzufügen von Abbildungen, Zeichnungen ...
- Überprüfe mithilfe von Fachbüchern, Lexika ..., ob deine Aussagen stimmen.
- Vermeide immer gleiche Satzanfänge mithilfe von Umstellproben.
- Gestalte die Wortwahl abwechslungsreich, indem du Wortfelder aufschreibst.

Sammle Temporaladverbien (Wann? Seit wann? Bis wann? Wie lange?):

Schreibe Adverbien auf eine Karteikarte, die eine zeitliche Abfolge wiedergeben. Beim Schreiben eines Berichts kannst du sie nutzen, um die richtige Reihenfolge des Geschehens wiederzugeben.

Sammle Lokaladverbien (Wo? Woher? Wohin?):

Schreibe Adverbien auf eine Karteikarte, die eine räumliche Zuordnung wiedergeben. Beim Verfassen einer Personenbeschreibung kannst du sie nutzen, um die Reihenfolge der Einzelheiten klar wiederzugeben.

Beachte die Zeitformen:

Übe besonders die Zeitformen, die eine vorzeitige Handlung ausdrücken. Erstelle einen Zeitstrahl, auf dem du Präsens und Perfekt abbildest und einen, auf dem du Präteritum und Plusquamperfekt abbildest. Trage die Verben sein und haben jeweils richtig ein.

Sprachgebrauch und Sprache untersuchen und reflektieren

Seite 40

2.1 Wortbedeutungen erschließen und Wörter bilden

Lernstand

Aufgabe 1
Individuelle Lösungen

Aufgabe 2
schmutzen/verschmutzt/beschmutzen + Schmutz → Wortbildung: Ableitungen

gehen + laufen/schlendern/spazieren → Wortfeld, Synonyme

Tennis/Hockey/Reiten → Sportarten → Unterbegriffe + Oberbegriff

geben + zugeben → Wortbildung: Ableitung durch Präfigierung

Aufgabe 3
Es fehlt in Aufgabe 2 ein Beispiel für die Wortbildung durch Zusammensetzung (Komposition): die Hand (Bestimmungswort) + der Ball (Grundwort) → der Handball (Genus durch Grundwort bestimmt)

Seite 41

Durch Zusammensetzungen und Ableitungen neue Wörter bilden

Aufgabe 1
Beispiellösungen: das Segelboot, der Schlafanzug, das Hosenbein, der Hosenanzug, der Schreibtisch, der Lampenschirm, der Autobahnabschnitt

Aufgabe 2
Beispiele sind: Zootier – Tierarzt – Arztpraxis – Praxistür – Türschloss – Schlossgarten …

Beispiele sind: Butterbrot – Brotkruste – Krustenbraten – Bratenfett – Fettspritzer …

Differenzierte Aufgabe 3

- das Spatzenhirn – jemand, der nicht sehr schlau ist
- der Dickkopf – jemand, der immer seinen Willen durchsetzen möchte
- der Hasenfuß – jemand, der sehr ängstlich ist
- der Langfinger – jemand, der stiehlt

Beispiellösungen:
- Spießbürger – engstirniger, kleinlich denkender Mensch
- Jammerlappen – ein Mensch, der sich ständig über alles beklagt
- Waschlapppen – ein Schwächling, ein Feigling

Seite 42 **Aufgabe 4**

-schaft: die Freundschaft, die Gefangenschaft, die Eigenschaft, die Feindschaft, die Verwandtschaft, die Wissenschaft
- nis: die Finsternis, das Erlebnis, das Zeugnis, das Geständnis
- heit: die Menschheit, die Dummheit, die Krankheit, die Verlegenheit, die Gesundheit, die Eigenheit
- keit: die Sauberkeit, die Heiterkeit, die Tapferkeit, die Eitelkeit, die Schwierigkeit,
- ung: die Säuberung, die Sendung, die Zahlung, die Stellung, die Tarnung, die Zeugung
- tum: das Eigentum, das Heldentum, das Brauchtum

Aufgabe 5
erfinden, befinden, verspringen, zerspringen, entspringen, bespringen, erlesen (Adjektiv), verlesen, zerlesen, belesen (Adjektiv), gelesen, erlegen, verlegen, zerlegen, entlegen (Adjektiv), gelegen (Adjektiv), belegen, versehen, besehen, gesehen, erfassen, verfassen, befassen, vertrauen, misstrauen, betrauen, getrauen (Manche können auch als Partizipien angesehen werden, die attributiv – wie Adjektive – gebraucht werden: verlesen, zerlesen, gelesen, verlegen, gesehen.)

Seite 43 **Differenzierte Aufgabe 6**
Beispiellösungen: Wir befanden uns im Urlaub. Das Glas zerspringt in 1 000 Teile. Das Buch hat mir gut gefallen, es ist schon ganz zerlesen. Mein Vater betraut mich mit dieser verantwortungsvollen Aufgabe. Du solltest anderen Menschen nicht immer misstrauen. Ben getraute sich nicht nachzufragen.

Aufgabe 7

Aufgabe 8
-ig: mutig, speckig, traurig, fleißig
-isch: stürmisch
-lich: freundlich, lieblich, häuslich

Aufgabe 9
verpackt – verliebt – Päckchen – besuchen – Liebe – einpacken – lieblos – Gesuch – versuchen – Beliebtheit – gepackt – absuchen – Packung – Sucherei – auspacken – Versuchung – lieblich – Gepäck

Seite 44 **Aufgabe 10**

-such	-lieb	-pack
• besuchen • Gesuch • versuchen • absuchen • Sucherei • Versuchung • *gesucht*	• verliebt • Liebe • lieblos • Beliebtheit • lieblich • *liebevoll*	• verpackt • Päckchen • einpacken • gepackt • Packung • auspacken • Gepäck • *entpacken*

Aufgabe 11

träumen (V), träumerisch (A), traumhaft (A), geträumt (V), Traumpaar (N), verträumt (A), Albtraum (N), Traumwandler (N), Traumfabrik (N), Traumnote (N), Traumlos (N)/traumlos (A)

Differenzierte Aufgabe 12

Individuelle Lösung: Es sollte darauf geachtet werden, dass die Geschichte trotz des Traumthemas schlüssig ist.

Seite 45

Wortfelder zusammenstellen und nutzen

Aufgabe 1

- Mit langsamen Schritten **trabte** ein Kamel durch das Gehege.
- Der Gepard **raste** blitzschnell zu seinem Futter.
- Die Schildkröte **schlich** an den neugierigen Besuchern vorbei.
- Das Nilpferd **humpelte** durch das Becken.
- Das Erdmännchen **huschte** in Windeseile über das Feld.

Aufgabe 2

sehen	gucken, ansehen, beobachten, schauen, blinzeln
sagen	erwidern, sprechen, antworten, flüstern
schimpfen	keifen, ausschimpfen, wettern
hören	horchen, vernehmen, hinhören
weinen	wimmern, flennen, jaulen
gehen	laufen, schreiten, stolzieren

Die Wörter müssten also mit sechs verschiedenen Farben markiert werden.

Aufgabe 3

Sätze nicht immer mit *ich* beginnen, andere Verben für *gehen*, *können* und *sagen* nutzen; *mein Freund* durch ein Pronomen ersetzen

Seite 46 **Aufgabe 4**

Puffi ist weg

Ich ging mit Puffi spazieren und sagte zu meinem Freund: „Ich führe deinen Hund gerne aus." Mein Freund sagte: „Ich bin diese Aufgabe gerne einmal los!" Ich sagte: „Ich hätte gerne einen Hund, aber meine Eltern erlauben es nicht." Da sagte er: „Ein Leben ganz ohne Puffi kann ich mir auch nicht vorstellen." Der Hund ging friedlich neben uns und sagte kein Wort. Dann sagte mein Freund plötzlich: „Der Hund ist weg!" Ich drehte mich verwundert um, denn ich hatte die lange Leine noch in der Hand. Aber ich konnte kein Wort sagen: Puffi war wirklich weg! Ich konnte es nicht glauben und sagte: „Wie kann das sein?" Mein Freund sagte: „Er kann aus dem Halsband herausschlüpfen, wenn es nicht eng genug gestellt ist." Wir gingen den ganzen Weg zurück, um Puffi zu suchen. Wir sagten nichts, sondern konzentrierten uns auf die Suche. Als wir zuhause ankamen, sagten wir der Mutter Bescheid. Sie zeigte auf das große Kissen im Wohnzimmer und sagte: „Puffi stand vor zehn Minuten schwanzwedelnd vor der Tür; ich habe mich schon gewundert, was er alleine draußen macht." Puffi war alleine nach Hause gegangen und hatte nichts zu uns gesagt!

Beispiele für Ersatzvorschläge sind:

sagen: äußern, reden, sprechen, bemerken, antworten, erwidern, entgegnen, einwerfen, verkünden ...
gehen: laufen, marschieren, rennen, spurten, sprinten, wandern, schreiten ...
können: im Stande sein, in der Lage sein, möglich sein, vermögen, schaffen, wissen ...

Differenzierte Aufgabe 5

Bohrmaschine, Harke, Schraubenzieher, Schaufel, Zange, Kelle – Oberbegriff: **Werkzeug**

Golfball, Fußball, Baseball, Handball, Faustball, Volleyball, Basketball, Tennisball, Squashball – Oberbegriff: **Ball(sportart)**

Apfel, Birne, Trauben, Kiwi, Banane, Kirschen, Erdbeere – Oberbegriff: **Obstsorten**

Aufgabe 6

Hütte, Schule, ~~Fenster~~, Wohnhaus, Scheune
Begriff: **Gebäude**

Eisenstange, Zange, ~~Holzbrett~~, Nägel, Säge
Begriff: **Werkzeug aus Metall**

Reh, Hirsch, Feldhase, ~~Hauskatze~~, Wildschwein
Begriff: **Wildtiere**

~~Schulheft~~, Zeitung, Online-Artikel, Buch, Zeitschrift
Begriff: **Medien**

Seite 47

Kompetenztest: In Texten Wortbedeutungen und Wortbildungen erkennen und anwenden

Aufgabe 1
Es geht um Koalas.

Aufgabe 2
(1) Beuteltiere (2) Nahrungsquelle (3) Gefangenschaft (4) überprüfen/-t (5) sorgfältig

Aufgabe 3
fressen: sich ernähren, als Nahrungsquelle nutzen, zu sich nehmen, futtern, verzehren …

Aufgabe 4
Die Wörter Rinde, Blätter, Blattwerk, Zweige, Geäst gehören zum Wortfeld Baum.

Seite 48

2.2 Wortarten benennen und verwenden

Lernstand

Aufgaben 1 und 2
Individuelle Lösungen

Aufgabe 3
Beispiellösung: Adjektive – Das kleine schelmisch guckende Chamäleon erfreute die großen und kleinen Nutzer des neuen Arbeitsheftes. Ohne den lustigen Gesellen machte das Lösen der kniffligen Aufgaben nur halb so viel Spaß. (Ohne Adjektive: Das Chamäleon erfreute die Nutzer des Arbeitsheftes. Ohne den Gesellen machte das Lösen der Aufgaben nur halb so viel Spaß.)

Seite 49

Nomen und Artikel im Satz verwenden

Aufgabe 1
Charly hat heute gute Laune und möchte seinen Ast verlassen, auf dem er den ganzen Morgen gemütlich in der Sonne döste. Die Wolken stehen schon am Himmel, aber es dauert noch eine Weile, bis es regnen wird. Auf dem Weg nach unten kommt er an seinen Nachbarn, den fleißigen Ameisen, vorbei. Sie sind viel zu beschäftigt, um von ihm Notiz zu nehmen. Der große Hirschkäfer läuft ebenfalls vorbei, er hat eine Raupe entdeckt, die er zum Frühstück verspeisen möchte. Charly hält kurz inne, seine Farbe ändert sich, denn am Baum wächst Moos und er ist immer auf seine Tarnung bedacht. Das ist auch gut so, denn so nimmt ihn die giftige Schlange nicht wahr, die sich neben ihm entlang schlängelt.

Aufgabe 2

Singular	Plural	Genus
die Laune	die Launen	feminin/weiblich
der Ast	die Äste	maskulin/männlich
der Morgen	die Morgen	maskulin/männlich
die Sonne	die Sonnen	feminin/weiblich
die Wolke	die Wolken	feminin/weiblich
der Himmel	die Himmel (wenig gebräuchlich)	maskulin/männlich
die Weile	die Weilen (nicht gebräuchlich)	feminin/weiblich
der Weg	die Wege	maskulin/männlich
der Nachbar	die Nachbarn	maskulin/männlich
die Ameise	die Ameisen	feminin/weiblich
die Notiz	die Notizen	feminin/weiblich
der Hirschkäfer	die Hirschkäfer	maskulin/männlich
die Raupe	die Raupen	feminin/weiblich
das Frühstück	die Frühstücke	neutrum/sächlich
die Farbe	die Farben	feminin/weiblich
der Baum	die Bäume	maskulin/männlich
das Moos	die Moose	neutrum/sächlich
die Tarnung	die Tarnungen	feminin/weiblich
die Schlange	die Schlangen	feminin/weiblich

Aufgabe 3
Nomen nehmen im Satz unterschiedliche Positionen ein: Das Nomen steht in einem der vier **Kasus** (Fälle). Wenn man ein Nomen in jeden Kasus setzt, nennt man das **deklinieren.**

Nominativ: Das Chamäleon lebt im Dschungel. – **Wer/was** lebt im Dschungel?

Genitiv: Die Hautfarbe des Chamäleons ist unterschiedlich. – **Wessen** Hautfarbe ist unterschiedlich?

Dativ: Dem Chamäleon geht es in der Wärme gut. – **Wem** geht es in der Wärme gut?

Akkusativ: Die Ameisen treffen das Chamäleon. – **Wen/was** treffen die Ameisen?

Beispiellösung: Das Chamäleon hat Hunger. Die Hautfarbe des Chamäleons kann sich ändern. Dem Chamäleon gehört der Wald. Die Kinder mögen das Chamäleon.

Seite 50 **Aufgabe 4**
Bestimmte Artikel: Der, Das, dem, des, der, Die, des, Der, das, Die, die, Die, die

Aufgabe 5

Das Chamäleon (Wer/was? Nom.) hat allmählich Hunger. **Heuschrecken** (Wen /was? Akk.) mag es am liebsten. Um diese zu finden, muss **Charly** (Wer/Was? Nom.) nur ein Feld oder Blüten aufsuchen, dort halten sich **die Heuschrecken** (Wer/was? Nom.) nämlich gerne auf. Heute geht es **Charly** (Wem? Dat.) besonders gut. In dem Strauch sitzen hunderte **Heuschrecken** (Wer/was? Nom.). Sie futtern an den Blättern und bemerken **Charly** (Wen/was? Nom.) nicht. Blitzschnell lässt Charly **die** klebrige **Zunge** (Wen/was? Akk.) hervorschnellen. Doch **das Futterparadies** (Wer/was? Nom.) hat sich schnell herumgesprochen. Auch **die Vögel** (Wer/was? Nom.) kommen angeflogen, um an dem Festmahl teilzunehmen. Charly hat es dennoch geschafft, sich an **den Insekten** (Wem? Dat.) satt zu essen. Glücklich und zufrieden verlässt **das Chamäleon** (Wer/was? Nom.) **den Strauch** (Wen/was? Akk.).

Seite 51 Differenzierte Aufgabe 6

A: Paula wünscht sich zum Geburtstag ein Haustier. Mit dem Haustier möchte sie kuscheln. Am liebsten hätte sie ein Chamäleon. Das Chamäleon würde sie Charly nennen.
B: Tarek wünscht sich ein neues Fahrrad. Mit dem Fahrrad möchte er in den Sommerferien gerne eine Radtour machen. Für die Radtour hätte er außerdem gerne auch noch eine große Satteltasche. In die Satteltasche könnte er alles packen, was er für ein Picknick benötigt.
C: Tarek und Jakob wollen am Nachmittag Fußball spielen. Jakob hat einen neuen Fußball zum Geburtstag bekommen. Der Fußball sieht aus wie der der Nationalmannschaft. Sie suchen sich einen freien Platz zum Spielen. Der Platz neben dem Schulhof ist zum Spielen ideal. Sie brauchen auch noch ein Tor. Die beiden Pfosten vom Schultor bilden das Tor. Fast eine Stunde haben die beiden gespielt. Die Stunde war richtig toll.

Aufgabe 7

- unbestimmten Artikel
- bestimmten Artikel

Seite 52
Konkreta und Abstrakta zählen

Aufgabe 1

Kardinalzahlen: fünf, zwei, ein, drei, zwei, drei, vier
Ordinalzahlen: ersten, zweiten
unbestimmte Zahlwörter: vielen, zahlreichen, viel, wenig, wenig, viel

Aufgabe 2

Konkreta: Buch, Tomate, Telefon, Schrank, Tier, Baum, Flasche, Dosenöffner, Blatt, Wolke, Tasche, Dieb, Herrscher
Abstrakta: Hilfe, Furcht, Aufregung, Stress, Hunger

Aufgabe 3

Beispiellösungen: ein Scheit Holz, ein Blatt Papier, ein Liter Wasser, ein Meter Leinen, ein Stück Zucker (ein Papier ist in einer speziellen Bedeutung – ein Schriftstück – auch möglich)

Seite 53
Pronomen zur abwechslungsreichen Gestaltung von Texten nutzen

Differenzierte Aufgabe 2

Es
Das Chamäleon ist ein Einzelgänger. **Das Chamäleon** gehört zu der Klasse der Reptilien. **Das Chamäleon** hat circa 200
Sein Lebensraum
Unterarten. **Der Lebensraum des Chamäleons** ist gefährdet.
Sie
Die Chamäleons fallen unter das Artenschutz-Abkommen.
Ihre Haltung
Die Haltung von Chamäleons ist deshalb meldepflichtig. **Das Chamäleon** ist auf dem gesamten afrikanischen Kontinent, auf der arabischen Halbinsel und auch im Mittelmeer-
sie
raum verbreitet. Hauptsächlich bewohnen **Chamäleons**
Ihr Lebensraum
bewaldete Gebiete. **Der Lebensraum der Chamäleons** muss außerdem warm sein. Trockenheit und Luftfeuchtigkeit
sie
spielen für **Chamäleons** eher eine untergeordnete Rolle.

Seite 54
Inhalte mit Adjektiven und Adverbien veranschaulichen

Aufgabe 1

ELEFANTEN

Die Elefanten gehören zu den Herdentieren. Eine Herde kann aus ca. 20 bis 30 Tieren bestehen. Meist führt ein älteres, erfahrenes Weibchen die Herde an. Die Leitkuh hat ein gutes Gedächtnis und lange Erfahrung, sodass sie die anderen Tiere zu üppigen Futterplätzen und ausreichenden Wasserstellen führen kann. Elefanten sind sehr soziale Lebewesen. Die älteren Elefanten beschützen die Jungtiere vor gefährlichen Fressfeinden, sodass diese geborgen im Rudel aufwachsen können. Aber auch verletzte, alte oder trächtige Tiere werden von der Herde beschützt. Elefanten haben in der freien Natur keine natürlichen Feinde, nur die Menschen können ihnen gefährlich werden. Durch das hervorragende Erinnerungsvermögen können sich Elefanten auch Jahrzehnte später noch frühere Vorfälle ins Gedächtnis rufen.

Aufgabe 2

Singular	Nominativ	der gefährliche Tiger	die edle Katze	das schnelle Pferd
	Genitiv	des gefährlichen Tigers	der edlen Katze	des schnellen Pferds
	Dativ	dem gefährlichen Tiger	der edlen Katze	dem schnellen Pferd
	Akkusativ	den gefährlichen Tiger	die edle Katze	das schnelle Pferd
Plural	Nominativ	die gefährlichen Tiger	die edlen Katzen	die schnellen Pferde
	Genitiv	der gefährlichen Tiger	der edlen Katzen	der schnellen Pferde
	Dativ	den gefährlichen Tigern	den edlen Katzen	den schnellen Pferden
	Akkusativ	die gefährlichen Tiger	die edlen Katzen	die schnellen Pferde

Im Plural ist die Endung in allen drei Geschlechtern (Genera) in allen vier Kasus *-en*, also identisch.

Seite 55 Aufgabe 3

Die **Perserkatze** gehört zu den **bekanntest**en und **beliebtest**en Rassekatzen weltweit. Sie ist eine **mittelgroß**e, **stämmig**e Katze mit **kurz**en, **kräftig**en Beinen und einer **breit**en Brust- und Schulterpartie. Der Kopf ist rund, mit **voll**en Wangen und **ausgeprägt**em Kinn. Die extrem **kurz**e Nase der Perserkatze ist ihr Markenzeichen. Sie wird als **rein**e Wohnungskatze gehalten, da ihr Fell sehr pflegebedürftig ist. **Täglich**es Kämmen ist Pflicht, um ein Verfilzen des **weich**en Felles zu vermeiden, das ca. 10 cm lang ist und eine **seidig**e, **weich**e Unterwolle hat. Sie stammt, wie ihr Name vermuten lässt, aus Persien (dem **heutig**en Iran) und gehört zu den sehr **alt**en Katzenrassen. **Grundformen:** bekannt, beliebt, mittelgroß, stämmig, kurz, kräftig, breit, voll, ausgeprägt, kurz, rein, täglich, weich, seidig, weich, heutig, alt

Aufgabe 4

Positiv	Komparativ	Superlativ
die günstigen Preise	die günstigeren Preise	die günstigsten Preise
die hohe Stufe	die höhere Stufe	die höchste Stufe
das laute Gebrüll	das lautere Gebrüll	das lauteste Gebrüll
die großen Häuser	die größeren Häuser	die größten Häuser

Aufgabe 5

tot, rund, lebendig, quadratisch (Über *rund* und *lebendig* kann man diskutieren.)

Differenzierte Aufgabe 6

Die Adjektive sind unterstrichen:

nachher, warm, deswegen, heutzutage, immerzu, heftig, kaum, sauber, frisch, außergewöhnlich, nie, alt, hinauf, dort, links, süß, kalt, schmutzig, nirgends, salzig, gern

Seite 56 Aufgabe 7

- warm, wärmer, am wärmsten
- sauber, sauberer, am saubersten
- frisch, frischer, am frischesten
- süß, süßer, am süßesten
- kalt, kälter, am kältesten
- schmutzig, schmutziger, am schmutzigsten
- salzig, salziger, am salzigsten

Aufgabe 8

Zeit / temporal	Ort /lokal	Art und Weise / modal	Grund/ kausal
Wann? Wie lange? Seit wann? Bis wann?	Wo? Woher? Wohin?	Wie? Wie sehr?	Warum? Weshalb?
nachher, heutzutage, immerzu, nie	hinauf, dort, links, nirgends	kaum, gern	deswegen

Aufgabe 9

- Enya tanzt oft beim Abtrocknen mit, aber häufiger tanzt sie beim Radiohören.
- Nach dem Baden fühlt Tarek sich wohl, noch wohler fühlt er sich aber nach dem Fußballspielen.
- Im Zoo konnte Paula die Fütterung der Seelöwen gut sehen, denn sie stand ganz vorne. Nur Phil stand noch weiter vorne.
- Bald geht Paula in den Zoo. Aber noch ~~baldiger~~ (eher) geht sie in den Zirkus. Am ehesten geht sie ins Kino.

Seite 57

Verben als zentrale Satzaussage erkennen und verwenden

Aufgabe 1

übt, lernt, trinkt

Aufgabe 2

1. **Bild:** Das Chamäleon döst in der Sonne, es schläft.
2. **Bild:** Das Chamäleon jagt Insekten.
3. **Bild:** Das Chamäleon frisst/kaut.
4. **Bild:** Das Chamäleon klettert an einem Ast hoch.

Aufgabe 3

Verben im Präsens: passt sich an, ahmt nach, verharrt, ist, annimmt, verschafft, bietet, spielt, zeigen, sind, ändert, läuft, verfügt, kann, trinkt, leckt

Grundformen/Infinitive: sich anpassen, nachahmen, verharren, sein, annehmen, verschaffen, bieten, spielen, zeigen, sein, ändern, laufen, verfügen, können, trinken, lecken

Seite 58 Aufgabe 4

Präteritum: Sie schliefen auf Bäumen. Das Chamäleon jagte Insekten. Es hatte eine schnelle Zunge. Chamäleons änderten die Farbe. Sie liefen geschickt über dünne Äste. Es leckte das Wasser von den Blättern.

Aufgabe 5
Nachdem der Wecker geklingelt hat, steht Phil auf.
Nachdem er aufgestanden ist, putzt er sich die Zähne.
Nachdem er sich die Zähne geputzt hat, duscht er.
Nachdem er geduscht hat, frühstückt er.
Nachdem er gefrühstückt hat, geht er zur Schule.

Aufgabe 6
Verpass(e) nicht den Bus! Hör(e) der Lehrerin gut zu! Lies die Schulaufgabentexte genau! Gib immer auf den Verkehr acht! Hilf mir bei der Hausarbeit! Nimm auch Rücksicht auf andere! Putz(e) dir die Zähne gründlich!

Seite 59 **Aufgabe 7**
„Gestern waren wir im Reptilienzoo. Das war super! Es gibt dort jetzt schon fünfzehn von diesen putzigen Chamäleons. Die ersten beiden Reptilien haben Zoobesucher vor drei Jahren dem Zoo gespendet, weil sie die Tiere so interessant fanden. Nachdem die Spender sechs Jahre vorher eine Reise nach New York gemacht hatten und im Zoo dort gesehen hatten, wie interessant diese Tiere und ihre Eigenschaften für Kinder sind, beschlossen sie, unserem Zoo welche mitzubringen. Hier gab es damals keine Reptilien. Vieles, was ich über die Reptilien weiß, habe ich im letzten Monat im Biologieunterricht gelernt. Chamäleons werden sicher auch in zehn Jahren meine Lieblingstiere sein." Dann werden noch viele weitere Chamäleons das Licht der Zoowelt erblickt haben.

gemacht hatten, gesehen hatten	↑	
waren, war, beschlossen, fanden, gab		Vergangenheit
haben gespendet, habe gelernt		
gibt, sind, weiß		Gegenwart
werden sein, werden erblickt haben	↓	Zukunft

Aufgabe 9
Schlangen (die Wissenschaftler nennen sie Serpentes) **sind** Reptilien. Das **erkennt** man daran, dass sie Schuppen **haben** und wechselwarm **sind**. Schon in der Antike **galten** Schlangen als Zauberwesen, da sie Macht über Leben und Tod der Menschen **besaßen**. Nachdem ein Pharao **gestorben war**, **brachte** man Schlangensprüche in der Grabkammer zum Schutz des Verstorbenen **an**. In vielen Ländern **werden** sie auch heute noch als Gottheiten verehrt. In der christlichen Kultur **betrachtet** man Schlangen als hinterlistig und falsch. In der Regel **meiden** Schlangen den Menschen. Sie **wehren** sich, wenn man sie **stört** oder **belästigt**. Schlangen **töten** nur, wenn sie Futter brauchen.

Seite 60
Präpositionen, Konjunktionen und Subjunktionen gebrauchen und beschreiben

Aufgabe 1
Charly sitzt am Ende des Astes. (1)
Charly liegt auf dem Ast. (2)
Charly sitzt hinter dem Ast. (3)
Charly sitzt in den Blättern des Astes. (4)
Charly sitzt neben dem Ast. (5)
Charly schaukelt über dem Ast. (6)
Charly liegt unter dem Ast. (7)
Charly sitzt vor dem Ast. (8)

Aufgabe 2
1. In der Nacht hat es einen heftigen Sturm gegeben.
2. Bis zum Morgengrauen hat Phil kein Auge zugetan.
3. Nach Sonnenaufgang sind ihm endlich die Augen zugefallen.
4. Vor dem Besuch muss Phil trotzdem noch aufräumen.
5. Während des Aufräumens denkt Phil an Charly.
6. Nach einer halben Stunde ist er endlich fertig!!

Seite 59 **Differenzierte Aufgabe 8**

Grundform	Plusquamperfekt	Präteritum	Perfekt	Präsens	Futur I	Futur II
sein		wir waren, es war		sie sind	sie werden sein	
geben		es gab		es gibt		
spenden			sie haben gespendet			
finden		sie fanden				
machen	sie hatten gemacht					
sehen	sie hatten gesehen					
beschließen		sie beschlossen				
mitbringen						
wissen				ich weiß		
lernen			ich habe gelernt			
erblicken						sie werden erblickt haben
laufen	ich war gelaufen	ich lief	ich bin gelaufen	ich laufe	ich werde laufen	ich werde gelaufen sein

Die ergänzten Formen könnten auch in jeder anderen Person stehen, hier wird die 1. Person Singular gewählt.

Seite 61 Aufgabe 3

Charly sitzt miesepetrig und unglücklich auf einem Ast. Trotz des schönen Wetters hat er heute schlechte Laune. Er ist hungrig und ohne Futter läuft gar nichts. Mit dem Fangen von Heuschrecken klappt es nicht. Aufgrund seines Hungers knurrt sein Magen erbärmlich. Wegen seiner schlechten Laune ist Charly heute nur dunkelgrün und braun.

Aufgabe 4

Phil geht heute früh ins Bett, aber er ist noch nicht müde.
Wir packen unsere Koffer und verlassen das Hotel.
Ich kann etwas kochen, aber wir können auch essen gehen.
Er nimmt seinen Mantel von der Garderobe und verlässt die Wohnung.
Sie macht ihre Hausaufgaben sofort oder sie darf sich nicht mit dir verabreden.

Differenzierte Aufgabe 5

Mögliche Beispielsätze:

- Obwohl er nicht ausreichend eigene Kraft hatte, konnte man ihm helfen.
- Indem man ihm einen Rettungsring ins Wasser warf, konnte er sicher ans Ufer kommen.
- Weil er in ein Schlauchboot springen konnte, wurde er gerettet.
- Er bekam keine fremde Hilfe, sodass er sich selbst retten musste.
- Damit er sich retten konnte, zog man ihn an dem dicken Ast aus dem Wasser.

Aufgabe 6

Beispiellösungen:

Damit die Pizza besser **schmeckt**, musst du Salz nehmen.
Mir knurrt der Magen, **weil** ich Hunger **habe**.
Wenn ich mich **anstrenge**, schaffe ich eine 2 in Mathe.
Obwohl sie sehr viel lernt, **schreibt** sie schlechte Noten.

Seite 62

Kompetenztest: In einer Geschichte die Wortarten passend und abwechslungsreich anwenden

Aufgabe 1

Beispiellösungen:

Nomen mit Artikel/Singular	Nomen mit Artikel/Plural
der Affe/ein Affe	die Affen/Affen
die Zunge/eine Zunge	die Zungen/Zungen
das Eis/ein Eis	das Eis/–
der Käfig/ein Käfig	die Käfige/Käfige

Aufgabe 2

Beispiellösungen:

Infinitiv	Personalform Präsens	Personalform Präteritum
stehen	sie stehen	sie standen
herausstrecken	er streckt heraus	er streckte heraus
ermahnen	sie ermahnt	sie ermahnte
greifen	ich greife	ich griff

Seite 63 Aufgabe 3

Beispiellösungen:

Adjektiv	Antonym
böse	lieb/gut ...
betroffen	freudig/entspannt ...
nah	fern
fröhlich	traurig

Aufgabe 4

Beispiellösungen:

Bild 1: Die Familie steht vor einem Affenkäfig, die Kinder essen ein Eis.

Bild 2: Phil streckt den Affen die Zunge heraus, die Affen drohen mit der Faust.

Bild 3: Vater ermahnt ihn, die Familie dreht sich zum Weggehen.

Bild 4: Phil steht nah am Käfig und veralbert den Affen weiter, der Affe greift durch das Gitter und nimmt ihm sein Eis weg, Phil sieht betroffen aus, die anderen lachen.

Aufgabe 5

Individuelle Lösung: Wörter aus dem Wortspeicher können verwendet werden; mithilfe der Umstellprobe sollte überprüft werden, ob die Sätze abwechslungsreich gestaltet sind. Die bunten Unterstreichungen zeigen die Vielfalt der verwendeten Wortarten.

Seite 64

2.3 Sätze untersuchen und Satzglieder bestimmen

Lernstand

Aufgabe 1

Individuelle Lösungen

Aufgabe 2

Beispiellösung:

Umstellprobe:
Das Chamäleon Charly hat schon eine Menge über Sätze gelernt.
Über Sätze hat das Chamäleon Charly schon eine Menge gelernt.
Eine Menge hat das Chamäleon Charly schon über Sätze gelernt.
Ersatzprobe:
Etwas hat es dann darüber gelernt.

Aufgabe 3

warum? → adverbiale Bestimmung des Grundes (kausal)
Warum fehlt er? → Wegen Krankheit fehlt John heute.
wie?→ adverbiale Bestimmung der Art und Weise (modal)
Wie geht es John? → John geht es heute schlecht.
Wem? → Dativobjekt
Wem geht es schlecht? → John geht es schlecht. ...

Seite 65

Satzarten unterscheiden

Aufgabe 1

- Welche Sportart magst du am liebsten? Fragesatz (Ergänzungsfrage)
- Pass auf, dort steht ein Spieler frei! Ausrufesatz
- Willst du beim Völkerball mitspielen? Fragesatz (Entscheidungsfrage)
- Gib endlich den Ball ab! Aufforderungssatz
- Jeden Montag spielen wir Fußball. Aussagesatz

Aufgabe 2

- Warum muss man vor dem Schwimmen duschen? (Fragesatz – Ergänzungsfrage)
- Ich finde meine Turnschuhe nicht. (Aussagesatz)
- Pass gefälligst auf, wohin du wirfst! (Aufforderungssatz)
- Gegen wen spielen wir nächste Woche? (Fragesatz – Ergänzungsfrage))
- Ich spiele gerne Tischtennis. (Aussagesatz)

Aufgabe 3

„Macht das Seilspringen Spaß?" → Darf ich auch mal Seilspringen?
„Muss die Sportstunde denn schon zu Ende sein?" → Es wäre schön, wenn die Sportstunde noch länger dauerte.

Differenzierte Aufgabe 4

Beispiellösung:
Schmeckt der Apfel gut? → Darf ich auch einen Apfel haben?
Wieso gehen wir schon nach Hause? → Ich möchte noch länger bleiben.
Willst du ständig zu spät kommen? → Beeil dich bitte!
Hast du keine Augen im Kopf? → Pass auf und remple mich nicht an!

Seite 66 **Aufgabe 5**

Beispielsätze: Als die Sportstunde begann, standen wir staunend vor den vielen aufgebauten Geräten. Wir rannten alle auf irgendwelche Geräte los. Aber unser Lehrer, Herr Kornblum, ermahnte uns, dass wir uns gleichmäßig auf die verschiedenen Geräte verteilen, damit es nicht so lange Wartezeiten gab. Während Paula sich für die Ringe entschieden hatte, ging ich zu den Kletterstangen. Jakob und Liam hatten am meisten Spaß auf dem Trampolin, weil sie beide gemeinsam springen konnten. Nachdem ich Robert die Kletterstange „weggenommen" hatte, musste er genauso wie Peter auf ein freies Gerät warten. Typisch war mal wieder, dass Rebecca sich für das Pferd entschieden hatte, denn sie ritt ja in ihrer Freizeit auch auf richtigen Pferden.
Die Stunde hat viel Spaß gemacht und wir hoffen auf eine baldige Wiederholung.

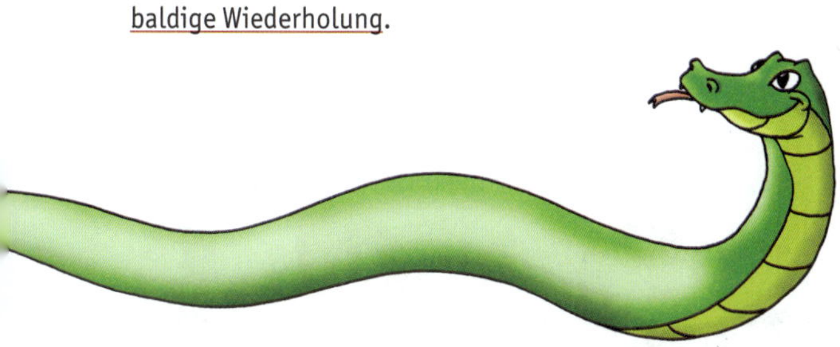

Seite 67

Satzglieder untersuchen

Differenzierte Aufgabe 1

Bäcker backen Brot.
Holzarbeiter fällen Bäume.
Bauarbeiter bauen Häuser.
Tierärzte heilen Tiere.
Katzen fangen Mäuse.
Hühner legen Eier.

Aufgabe 2

a) Unser Detektivclub durchsucht heute das alte Haus gründlich. (Subjekt, Prädikat, Temporaladverbiale, Akkusativobjekt, Modaladverbiale)
b) Der Code lautet: 1 8 2 4 6 3 5 7
c) Das alte Haus durchsucht unser Detektivclub heute gründlich.
Code: 3 5 7 8 2 4 1 6

Seite 68 **Aufgabe 3**

Er (Subjekt) durchsucht (Prädikat) es (Akkusativobjekt) dort (Lokaladverbiale).
Sie/Wir (Subjekt) besprechen (Prädikat) es (Akkusativobjekt) in ihm/dort (Lokaladverbiale).
Dann (Temporaladverbiale) erfinden (Prädikat) sie/wir (Subjekt) sie/etwas (Akkusativobjekt).
Sie/Er (Subjekt) testen/t (Prädikat) so (Modaladverbiale) es (Akkusativobjekt).

Seite 69

Subjekt, Prädikat und Objekt ermitteln

Aufgabe 1

In sieben Metern Tiefe bemerkt ein Sporttaucher einen blonden Mann, der in der gleichen Tiefe ohne Taucherausrüstung unterwegs ist. Der Taucher geht sechs Meter tiefer, wenige Minuten später ist auch der Blonde da. Als dieser nach weiteren neun Metern wieder zur Stelle ist, nimmt der Taucher eine Tafel und schreibt mit wasserfester Kreide: „Wie zum Teufel schaffst du es, in dieser Tiefe so lange ohne Taucherausrüstung zu bleiben?" Der andere Mann kritzelt mit letzter Kraft auf die Tafel: „Ich ertrinke, du Trottel!"

2) Wer ist in der gleichen Tiefe ohne Taucherausrüstung unterwegs? – der (Taucher)
3) Wer geht sechs Meter tiefer? – der Taucher
4) Wer ist wenige Minuten später auch da? – der Blonde
5) Wer ist nach weiteren neun Metern wieder zur Stelle? – dieser
6) Wer nimmt eine Tafel und schreibt mit wasserfester Kreide? – der Taucher
7) Wer schafft es so lange ohne Taucherausrüstung unter Wasser zu bleiben? – du
8) Wer kritzelt mit letzter Kraft auf die Tafel? – der andere Mann
9) Wer ertrinkt? – ich

Aufgabe 2

- Wessen rühmt er sich? – seines Sieges
- Was gibt der Trainer bekannt? – die Mannschaftsaufstellung
- Wem gehört die blaue Umkleidekabine? – der gegnerischen Mannschaft
- Wen befragt der Schiedsrichter, ob der Ball im Aus war? – den Linienrichter

Seite 70

Adverbiale Bestimmungen kennen und verwenden

Aufgabe 1

- Lokaladverbiale: wo? wohin?
- Temporaladverbiale: wann? bis wann? seit wann? wie lange?
- Kausaladverbiale: warum? weshalb?
- Modaladverbiale: wie? auf welche Art und Weise?

Aufgabe 2

- Diesen Winter (Temporaladverbiale)/einmal ganz anders (Modaladverbiale)
- Letztes Jahr (Temporaladverbiale)/an die Nordsee (Lokaladverbiale)
- In diesem Jahr (Temporaladverbiale)/in den Bergen (Lokaladverbiale)
- in einer Berghütte (Lokaladverbiale)
- in den zwei Wochen Weihnachtsferien (Temporaladverbiale)
- Vergnügt (Modaladverbiale)/nach Hause (Lokaladverbiale).

Differenzierte Aufgabe 3

Tarek feiert heute (Zeit/temporal) im Garten (Ort/lokal) Geburtstag. Paula kauft morgens (Zeit/temporal) Äpfel auf dem Markt (Ort/lokal). Sie backt wegen des Geburtstags (Grund/kausal) einen Kuchen. Alle gehen um vier Uhr (Zeit/temporal) fröhlich (Art und Weise/modal) wegen der Feier (Grund/kausal) zu Tarek. Er bedankt sich herzlich (Art und Weise/modal) wegen des Geschenks (Grund/kausal).

Seite 71

Kompetenztest: In einem Text Sätze untersuchen und die eigene Meinung mithilfe adverbialer Bestimmungen ausdrücken

Aufgabe 1

Die Videos wurden jeden Tag tausend Mal angeklickt!
(Wenn man den Inhalt des Satzes als besonders wichtige und überraschende Information markieren will, kann man auch ein Ausrufezeichen setzen.)

Aufgabe 2

Seit Februar 2008 stellte Cyrus regelmäßig zusammen mit einer Freundin, der Backround-Tänzerin Mandy Jiroux, einige Videos, die The Miley and Mandy Show genannt wurden, auf die Internetseite YouTube.
Cyrus (Subjekt)/stellte (Prädikat)/*seit Februar 2008 (temporale Adverbialbestimmung)*/zusammen mit einer Freundin, der Backround-Tänzerin Mandy Jiroux (modale Adverbialbestimmung)/**regelmäßig (2. modale Adverbialbstimmung – auch temporal ist möglich)**/*einige Videos, die … genannt wurden, (Akkusativ-Objekt)*/auf die Internetseite YouTube. (lokale Adverbialbestimmung)

Aufgabe 3

1 Ihren Durchbruch (Akkusativobjekt)
2 durch die Fernsehserie Hannah Montana (Modaladverbiale)
3 Cyrus (Subjekt)
4 regelmäßig (Modaladverbiale)
5 jeden Tag (Temporaladverbiale)
6 ihnen (Dativobjekt)
7 viele junge Fans (Akkusativobjekt)
8 trotz der Skandale (Kausaladverbiale)
9 ins Krankenhaus (Lokaladverbiale)
10 wegen ihrer Erkrankung (Kausaladverbiale)

Aufgabe 4

Beispiellösung:

Miley Cyrus singt fantastisch (Modaladverbiale). Ihre Klamotten hat sie bestimmt aus tollen Szene-Läden (Lokaladverbiale). Sie sollte in Zukunft am besten auf wirklich großen Bühnen (Lokaladverbiale) auftreten. Nur wegen ihres großen Talents (Kausaladverbiale) konnte sie so bekannt werden. Ihr Erfolg wird sicher noch lange (Temporaladverbiale) andauern.

Seite 72

2.4 Rechtschreibstrategien und Rechtschreibregeln kennen und anwenden

Lernstand

Die Lösungen der Aufgabe und die gewählten Beispiele sind individuell.
Die Rechtschreibregeln können im Schülerbuch auf den Seiten 289–291 und im Arbeitsheft auf der Seite 110 nachgeschlagen werden.
Die Strategien stehen im Schülerbuch auf Seite 288 und im Arbeitsheft in der Innenklappe hinten im Heft.
(Die Angaben finden sich oben im Vorspann.)

Seite 73

Dehnung der Vokale erkennen und richtig schreiben

Aufgabe 1

kurzer Vokal: Rand, Keller, matt, Tonne, Kind
langer Vokal: Teer, Mond, Tiere, geht, Graben

Aufgabe 2

einfacher Vokal	Doppelvokal	Dehnungs-h	ie
Zebra	Aal	Kuh	Ziege
Schaf			Fliege
Rabe			Biene
Nashorn			
Esel			
Nilpferd			
Tiger			

Es gibt viele weitere Beispiele mit einfachem Vokal, aber nur wenige mit Markierung der Länge: Hase, Bär, Wal, Reh …

Seite 74 Aufgabe 3

viele Beeren sehr süß
Nilpferd schwebt beinahe schwerelos
Der Kamelhaarmantel Elisabeth Fußboden

Aufgabe 4

a-Laut: Der Aal und der Barsch liegen auf der Waage.
ä-Laut: Zähle jährlich die Pärchen der Hyänen.
e-Laut: Der Seestern im Meer ist sehr bequem.
i-Laut: Sie spielt ihrem lieben Igel ein Lied vor.
o-Laut: Auf dem Boot im Zoo lebt ein froher Floh.
ö-Laut: Höllisch viele Besucher strömen öfters durch die Höhle.
u-Laut: Auf dem Flur steht ein ungewöhnlicher Besucherstuhl.
ü-Laut: Die grüne Tüte geht im Gewühl am Glühweinstand verloren.

Differenzierte Aufgabe 5

Tarek, Paula und Jakob haben beschlossen, am nächsten Sonntag wieder in den Zoo zu gehen, wenn das Wetter schön sein sollte. Sie wollen vielleicht sogar Phil fragen, ob er auch Lust hat mitzukommen. Im Tierpark gibt es zwei ganz junge Eisbären und diese möchten sie unbedingt anschauen. Sie fanden schon den kleinen Knut damals so süß und jetzt gleich zwei Mal so ein Jungtier – das wollen sich die drei nicht entgehen lassen. Das wird sicher ein großer Spaß.

Seite 75

Schärfung der Vokale erkennen und richtig schreiben

Aufgabe 1

					B	E	T	T			K	A	M	M
S	O	N	N	E				R			A			
C					B	A	D	E	W	A	N	N	E	
H	A	M	M	E	R			P			N			
L					I			P		K	E	T	T	E
O		P	U	L	L	O	V	E	R			A		
S		U			L							N		B
S		D		T	E	L	L	E	R			N		U
		D		A						B	R	E	T	T
T		I		S	E	S	S	E	L					T
U		N		S		C				W			H	E
N		G		E		H			K	O	F	F	E	R
N						I				L			N	
E				L	U	F	T	B	A	L	L	O	N	
L	A	S	S	O		F				E			E	

Aufgabe 2

Regel: Nach einem kurz gesprochenen Vokal folgen in der Regel zwei Konsonanten.

Seite 76 Aufgabe 3

Schlusspfiff, passen, Platz, Eckfahne, Mittelpunkt

Aufgabe 4

Nach einem kurz gesprochenen, betonten Vokal folgen in der Regel zwei Konsonanten:

- Das sind Wörter mit zwei oder mehreren verschiedenen Konsonanten: Punkt, Hund, Land …
- Das sind zwei Wörter mit gleichen Konsonanten (Doppelkonsonant): Pfiff, passen, knallen, rattern …
- Wörter, in denen *k* und *z* mit *ck* oder *tz* wiedergegeben werden: Platz, Eckfahne, Krücke, Katze …

Differenzierte Aufgabe 5

Platz – Schatz, fallen – knallen, Schnecke – Decke, Tanne – Wanne, winseln – pinseln, Watte – Platte, Socken – hocken, Tatze – Katze, Otto – Lotto, wanken – danken

Seite 77 Aufgabe 6

Schneewittchen fährt ins Sommercamp

An diesem Mittwoch erwachte Schneewittchen mit einem tollen Gefühl im Bauch: Heute begann ihr Urlaub! Sie hatte beschlossen, diesen Sommer ohne die Zwerge zu verreisen – sie wollte in ein Sportcamp und dort hätten die Zwerge nur alles durcheinandergebracht. Kaum war Schneewittchen angekommen, ging das Programm auch schon los. Zuerst wurden alle Teilnehmer miteinander bekannt gemacht. Dafür mussten sich alle Spitznamen ausdenken, Schneewittchen wählte für sich „Witti". Mit Wasserskifahren, Ponyreiten, Klettern im Hochseilgarten, Schwimmen, Radfahren und vielen Spielen auf dem Sportplatz war die Woche wie im Flug vergangen. Am letzten Tag fand die Camp-Olympiade statt. Witti war sehr aufgeregt, denn sie startete für ihr Team in der Disziplin „Hufeisenwerfen". Sie trat mit dem Hufeisen in der Hand an die Linie und …

Aufgabe 7
Individuelle Lösung

Seite 78
Regeln für die s-Schreibung kennen und anwenden
Aufgabe 1
Das Horoskop

Wassermann: Lassen Sie bloß die Finger von großen schulischen Veränderungen. Zwar haben Sie sich in letzter Zeit in besonderer Weise durch ihr Wissen hervorgetan, doch sollten Sie sich nicht überfordern. Langsam, aber sicher werden Sie trotzdem an Ihr Ziel kommen.

Krebs: Achten Sie besser auf Ihre Gesundheit! Essen Sie mehr Salat, Kürbisse, Klöße, Nüsse und Apfelsinen. Genießen Sie jeden Bissen und kauen Sie langsam, sorgfältig und gewissenhaft. Das lässt Sie nicht missmutig werden.

Zwillinge: Seien Sie heute besonders wachsam. Lassen Sie sich nicht durch Schwätzer oder Clowns in Ihrer Konzentration stören. Sie werden einsehen, dass sich Aufmerksamkeit für Sie auszahlt. Für eine anstehende Klassenarbeit sind Sie dann besonders gut gerüstet. Essen Sie heute auch besonders viel Gemüse und Äpfel. Das wird Ihre Leistung noch zusätzlich steigern.

Waage: Auch wenn Sie normalerweise ein besonders ausgeglichenes Wesen haben, müssen Sie sich heute einmal auf eine Seite schlagen. Beziehen Sie eindeutig Stellung. Es wird Ihr Ansehen steigern und Sie werden viele neue Freunde gewinnen. Lassen Sie sich überraschen.

Fische: Wasser ist Ihr Element, also schwimmen Sie sich frei. Lösen Sie sich aus alten Mustern und probieren Sie Neues aus. Versuchen Sie es mit einer neuen Frisur, kleiden Sie sich einmal etwas mutiger. Sie werden sehen, wie viel Spaß Sie haben werden.

Seite 79
Regeln für die das-/dass-Schreibung kennen und anwenden
Aufgabe 1
- Paula hofft, dass sie auch einmal probieren darf.
- Jakob plant das (dies) auch.
- Die Idee, dass Tarek das Eis kauft und die anderen es probieren, ist nicht neu.
- Aber diesmal haben sie nicht beachtet, dass Tarek mit dem Rad gekommen ist.
- Schnell springt er auf das (dieses) Rad, das (welches) er sich extra bereitgestellt hat.
- Das (Dies/dieses) hatten sich Paula und Jakob aber anders vorgestellt.

Aufgabe 2
Jakob fährt mit einem Fahrrad, das (welches) feuerrot ist.
Paula träumt davon, dass (nicht ersetzbar) ihr Fahrrad auch so schön rot ist.
Paula bringt ihr Fahrrad in ein Radgeschäft, das (welches) ihr Rad feuerrot lackieren soll.
Paula hofft, dass (nicht ersetzbar) Jakob sie auf eine große Radtour mitnimmt.

Seite 80
Regeln für die Groß- und Kleinschreibung kennen und anwenden
Aufgabe 1
Die Lehrerin ist entsetzt über die schmutzigen Hände von Hugo. Doch er antwortet nur: „Ach – das ist doch nichts Besonderes, Frau Schmidt. Warten Sie erst einmal, bis Sie meine Füße sehen!“

Zwei Möbelpacker sollen ein Klavier in den achten Stock tragen. Schon nach ein paar Stufen stöhnt der eine: „Ich muss dir etwas sagen!“ Der andere: „Sag es, wenn wir oben sind!“ Oben angekommen fragt der eine: „Was wolltest du sagen?“ Der andere: „Wir sind im falschen Haus.“

Zwei Polizisten halten ein Auto mit zwei Fahrrädern auf dem Dach an. Im Auto sitzt ein Vampir. Der Polizist fragt: „Haben Sie getrunken?“ Der Vampir: „Nur zwei Radler ...“

Aufgabe 2
neu: Von Paulas neuer Klasse gibt es nicht viel Neues zu berichten.
lustig: Das Lustigste heute Abend war, als der lustige Clown mit den Kaninchen auftrat.
nützlich: Etwas Nützliches ist der nützliche Apfelschäler.
verzweifeln: Es ist zum Verzweifeln!
leben: Das Leben ist zu kurz, um es nicht richtig zu leben.

Seite 81 **Aufgabe 3**
An einem windigen Vormittag bin ich zu meiner besten Freundin gegangen. Ich überraschte Paula gerade beim Spielen mit ihrem Hund. Da war ich natürlich die Glücklichste, als ich mitspielen durfte. Beim schnellen Reagieren und im flinken Werfen mit dem Ball war ich aber noch nicht so gut wie Paula. „Das kommt vom vielen Üben“, sagte sie stolz. Ich muss zugeben, dass in unserer Klasse die kleine Paula beim Hundedressieren die Größte ist.

Differenzierte Aufgabe 4
Sehr geehrte Damen und Herren,

leider muss ich Ihnen mitteilen, dass das zugeschickte Skateboard in keiner Weise meinen Erwartungen entspricht und ich es Ihnen deshalb wieder zurückschicke. (Teil 1) Die Größe stimmt nicht mit meiner Bestellung überein und auch die Farben und die Gestaltung gefallen mir nicht. Ihren Mitarbeitern muss bei der Zusendung ein Fehler unterlaufen sein. (Teil 2) Ich hatte eine Breite von 83 cm bestellt. Anstelle des hässlichen Graus hatte ich ein leuchtendes Orange bestellt.

Bitte teilen Sie mir mit, ob Sie das Board austauschen oder ob Sie die bestellte Variante nicht mehr liefern können. Ich warte mit der Bezahlung auf Ihre Antwort. (Teil 3)
Mit freundlichen Grüßen

Charly, das Chamäleon

Seite 82
Gleich- und Ähnlichklinger erkennen und richtig schreiben
Aufgabe 1
rauschen, rauben, Haut, Braut, Saat, Traum, Gans, Hand, Aufwand, Wasser, fallen, glauben, Macht, brauen

Differenzierte Aufgabe 2
Hund – Hunde, bunt – bunter, Sieg – Siege (auch: Sieb – Siebe), Werk – Werke (auch: Wert – Werte), Schrank – Schränke, Betrieb – Betriebe, lieb – Liebe, Strand – Strände, Wald – Wälder, Land – Länder, Weg – Wege; **Geschichte:** **Individuelle Lösungen**

Seite 83 **Aufgabe 3**
Tareks Klasse
Immer wenn Jakob auffällig mit den Augen rollt, bedeutet das meistens etwas Gefährliches. Oft hat er dann etwas ausgeheckt. Entweder klebt er jemandem einen Zettel auf den Rücken, versteckt die Jäckchen der Mädchen oder schiebt zufällig sein Bein auf den Gang, wenn jemand vorbeigeht. Wenn Paula das erspäht, beginnt ihr Herz ängstlich zu klopfen und das kommt bei ihr nicht besonders häufig vor. Doch Jakobs Taten bringen oft Ärger für die ganze Klasse. Beim letzten Mal bestand der Lehrer, der Jakob beim Schwämmewerfen im Gang erwischt hatte, darauf, dass sämtliche Klassenkameraden mit ihm zusammen den Boden und die Wand säubern mussten.

Aufgabe 4
Hier helfen mir **Wortverlängerung** und **Stammprinzip**.
hältst – halten, halb – eine halbe Stunde, der Treffpunkt – die Treffpunkte, der Waldrand – die Wälder, die Ränder; enttäuschen – der Tausch, nicht – nichtig, der Weg – die Wege

Aufgabe 5
Hi Jakob. Hast du es dir gemerkt? Was hältst du von halb drei Treffpunkt am Waldrand? Enttäusch mich nicht. Ich mach mich schon mal auf den Weg. Lg Tarek

Seite 84
Satzzeichen richtig setzen
Aufgabe 1
Paula hat keine Lust auf Hausaufgaben, aber sie muss noch Mathe, Deutsch, Erdkunde und Französisch machen. Weil sie am Abend mit ihrer Freundin Pizza backen will, muss sie vorher noch Mehl, Hefe, Salami, Käse und Tomatenmark einkaufen. Sie macht sich also schnell an die Hausaufgaben. Paula kümmert sich um die Bruchrechnung, die Nacherzählung, die Englischvokabeln und die Hauptstädte der Bundesländer. München, Stuttgart, Düsseldorf und Hannover kann sie sich am besten merken. Zum Schluss schreibt sie noch die Französischvokabeln mitsamt der Übersetzung, der Erklärung und den Beispielen ab, damit sie sich die Wörter auch gut einprägen kann.

Aufgabe 2
Tarek fragt: „Kommt ihr mit ins Freibad?"
„Ich", erwidert Paula, „habe heute keine Zeit."
„Ich komme mit!", ruft Jakob.

Aufgabe 3
Der Lehrer fragt Fritzchen: „Hast du deine Hausaufgaben gemacht?" Fritzchen erwidert: „Nein." „Dann muss ich das deinem Vater sagen! (oder ohne Satzzeichen)", meint der Lehrer enttäuscht. „Das nützt nicht viel", entgegnet Fritzchen, „denn er wird sie auch nicht machen! (.)"

Seite 85
Kompetenztest: Fehler finden und korrigieren
Aufgabe 1
Im September waren wir in Stuttgart. Die Fahrt dorthin war lang. Wir sind zwei- bis dreimal mit Bus und Bahn umgestiegen. Mittags sind wir angekommen. Wir sind auf unsere Zimmer gegangen und ha~~h~~ben die Betten bezogen und unsere Sachen ausgepackt. Danach sind wir in den Speisesaal gegangen und haben etwas gegessen. Anschließend hatten wir ein Seminar und haben gespielt und geredet. Die Spiele haben Spaß gemacht. Bei einem Spiel mussten wir uns einen Ball so zuwerfen, dass jeder den Ball nur einmal in der Hand hatte.

Abends haben wir noch Fußball gespielt und viele Kinder haben sich Süßigkeiten am Automaten gekauft. Wir Mädchen haben einen Mädchenabend verbracht. Am nächsten Morgen haben wir im Wald Herr der Ringe gespielt. Herr der Ringe ist ein Spiel, bei dem Karten verteilt werden mit verschiedenen Charakteren, wie beispielsweise Zwerg, Zauberer, Elfe. Und es gab einen Schatz. Das Spiel hat allen gut gefallen, auch wenn in der zweiten Runde von einer anderen Klasse geschummelt wurde. Am Abend sind wir zur Love-Letter-Party gegangen. Auf der Party haben wir Musik gehört, getan~~t~~zt und Briefe geschrieben. Leider war die Musik sehr laut. Ansonsten haben uns die Party und die Klassenfahrt gut gefallen. Am nächsten Tag mussten wir mittags wieder nach Hause fahren.

Aufgabe 2
Beispiellösungen:
lank → Wortverlängerung *länger* → lang
angekomen → genaues Lesen, man hört kurzes o als Hinweis auf den Doppelkonsonanten → *angekommen*
hahben → Lernwort, unmarkierter langer Vokal → *haben*
Speisesal → Langvokal als Hinweis auf eine mögliche Verdoppelung des Vokals → *Speisesaal*
seminar → Artikel *ein* als Hinweis auf den Nomenstatus und damit Großschreibung → *Seminar* ...

Tipps

Generelle Übungsmöglichkeiten beim Untersuchen und Gebrauch von Sprache:

Lies viel. Beim Lesen prägst du dir Schreibweisen ein und lernst viele unterschiedliche Wortarten, Satzarten und Satzglieder kennen.

- Schreibe die Wortarten und die Satzglieder, die du schon kennst, einzeln auf Pappstreifen.
- Schreibe die Wörter von fünf Sätzen eines Textes einzeln auf Pappstreifen.
- Beschrifte eine große Pappe mit dem Begriff Wortart und eine zweite mit dem Begriff Satzglied. – Nun lege die Pappstreifen mit den einzelnen Wortarten und den einzelnen Satzgliedern passend auf die Pappe und ordne die einzelnen Wörter aus den Sätzen zu. (Bei den Satzgliedern kannst du die Umstellprobe machen. Für die genaue Bestimmung helfen dir die Fragen, die du auf Seite 109 nachschlagen kannst. Wenn du bei den Wortarten unsicher bist, kannst du in einem Wörterbuch nachschauen, ob du richtig zugeordnet hast.)

Wenn du noch Probleme beim Bilden neuer Wörter hast:

Erkenne die Bauweise zusammengesetzter Nomen (Komposita):

Schreibe zu jedem Buchstaben des Alphabets zwei Nomen auf. Bilde danach Komposita und unterstreiche das Bestimmungswort (der erste Teil eines Kompositums) rot und das Grundwort (der zweite Teil des Kompositums) grün. Das Grundwort bestimmt das Geschlecht (Genus) des gesamten Kompositums. Apfel – Alpen → Apfelbaum – Seealpen

Bei Ableitungen – Erkenne Präfixe:

Präge dir die Vorsilben ein, die am häufigsten vorkommen. Es gibt deutsche Präfixe und Präfixe aus Fremdsprachen.

Bei Verben: ver-, be-, ent-, er-, miss-, re-, de-, in-, ge- ... sind untrennbar mit dem Verb verbunden. Ab-, aus-, an-, ein-, auf-, durch-, um-, über-, unter-, wider-, hinter-, vor-, nach-, zu-, bei-, mit-, wieder-, los-, entgegen-, zurecht- ... sind meistens trennbar zu verwenden.

Bei Adjektiven: un-, über-, ur-, hoch-, tief-, unter-, in-, dis-, extra-, hyper-, inter- ...

Bei Nomen: Miss-, Un-, Ur- ...

Bei Ableitungen – Erkenne Suffixe:

Präge dir die Nachsilben ein. Auch von ihnen stammen manche aus Fremdsprachen.

Bei Nomen: -chen, -lein, -in, -er, -schaft, -heit, -keit, -igkeit, -e, -ung, -er, -ling, -nis...

Bei Adjektiven: -lich, -isch, -ig, -los, -bar ...

Bei Verben: -ieren, -ern, -eln ... (**Achtung:** -en ist kein Suffix, sondern die Infinitiv-Endung.)

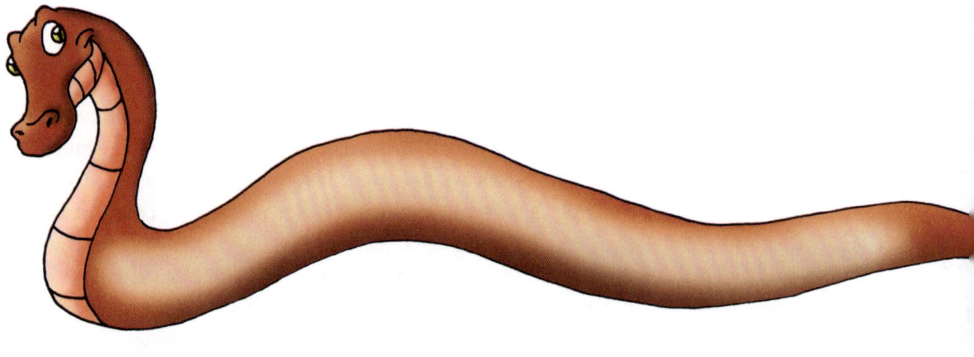

Wenn du noch Probleme im Umgang mit Wörtern und Sätzen hast:

Finde Unter- und Oberbegriffe:

Schreibe die Namen deiner Hobbys, deiner Lieblingstiere oder von Sportarten *(z. B. Skateboardfahren: Skateboard, Knieschoner, Helm, Ellebogenschützer …)* auf. Suche Unterbegriffe, die dazu passen. Suche in Texten aus einem Sachbuch Begriffe, die zu dem Oberbegriff des Textes passen. Lege Mind-Maps zu den Themen von Texten an und schreibe auf die Äste jeweils passende Unterbegriffe, die du im Text dazu findest.

Analysiere Sätze und bestimme Satzglieder:

Fertige ein Schema an, auf dem alle dir bekannten Satzglieder und ihre Beziehung zueinander abgebildet sind. Schreibe einen Satz mit möglichst vielen Satzgliedern auf eine Pappe. Schneide die einzelnen Satzglieder aus und ergänze auf der Rückseite, wie du danach fragst. Mit den einzelnen Pappstücken kannst du auch die Umstellprobe und die Weglassprobe durchführen.

Entwickle eine Abschreibstrategie und halte sie ein:

Lies den Text und markiere schwierige Wörter im Text. Lege den Text unter das Heft (Rechtshänder vorne, Linkshänder hinten) bzw. decke ihn zu. Sprich beim Übertragen die Wörter betont langsam. Verbalisiere schwierige Stellen (z. B. Mutter – groß und mit zwei t).
Lies das geschriebene Wort. Lies im Vergleich dazu das Wort in der Textvorlage nochmals.

Benutze eine Textkorrekturkarte:

Lege eine große Karte über den von dir geschriebenen Text. Decke nur das letzte Wort im Text mit der Korrekturkarte auf. So lässt du dich nicht vom Textinhalt ablenken, sondern siehst wirklich nur das Schriftbild des sichtbaren Wortes. Lies genau, was dasteht. Mache unter jedem Wort, bei dem du unsicher bist, ein Kreuz. Prüfe anschließend die Schreibung dieser Wörter, eventuell auch mit einem Wörterbuch.

Kontrolliere eigene Texte:

Lies deinen Text zunächst vorwärts und achte darauf, was du geschrieben hast. Lies dann den Text rückwärts Wort für Wort mit der Korrekturkarte und achte auf die Rechtschreibung. Lies, was dasteht.

Unterscheide Mitsprech-, Nachdenk- und Merkwörter:

Suche in Texten durch langsames Sprechen nach schwierigen Wörtern, die anders geschrieben werden, als man sie spricht. Schaue genau hin und höre beim Sprechen genau zu. Markiere die Schwierigkeiten, die du in Wörtern erkennst. Suche in Texten nach den Wörtern, die du häufig falsch schreibst. Wende Rechtschreibregeln an, indem du bei schwierigen Wörtern das Problem benennst (z. B. *läuft* kommt von *laufen*, deshalb *läuft* mit *äu*).
Bestimme immer wieder die Wörter, damit du ein Gefühl für schwierige Wörter bekommst.
Achte beim Lesen auf den Unterschied zwischen Sprechen und Schreiben: Wie klingt es? Wie schreibt man es? Markiere in einem Text Mitsprech-, Nachdenk- und Merkwörter mit verschiedenen Farben.

Wenn du Fehler in deinen Texten korrigieren möchtest:

- Lege ein Wörterbuch auf deinen Schreibtisch. Benutze es beim Schreiben zum Überprüfen deiner eigenen Wörter.
- Überprüfe deine Texte, die du am Computer schreibst, mithilfe der Thesaurusfunktion (Synonymfunktion) am PC. Du findest diese im Untermenü „Überprüfen" in deinem Textverarbeitungsprogramm.
- Führe in eigenen Texten häufig die Umstellprobe und die Weglassprobe durch, damit du Wiederholungen vermeidest und die Sätze mit ausreichend vielen Satzgliedern formulierst.
- Wende die Rechtschreibstrategien beim Überarbeiten deiner Texte an.
- Lege eigene Fehlerbögen an: Schreibe auf, in welchem Bereich du die meisten Fehler machst: Großschreibung, Kleinschreibung, s-Laute, Gleich- und Ähnlichklinger, Dehnung, Schärfung, Zeichensetzung. Suche zu deinen gemachten Fehlern andere Wörter, die auch so geschrieben werden oder von denen du die Schreibweise ableiten kannst.

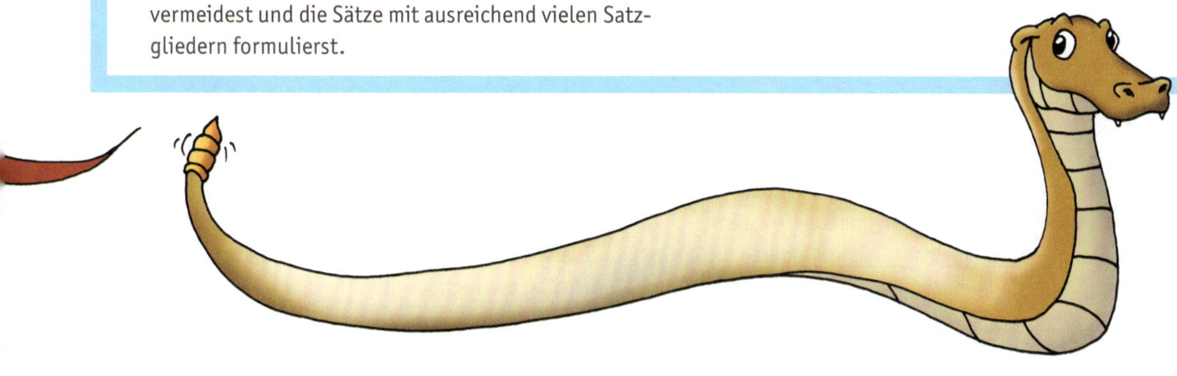

Lesen – mit Texten umgehen

Seite 86

3.1 Sachtexte und Erzähltexte unterscheiden

Lernstand

Aufgaben 1 und 2

Individuelle Lösungen

Aufgabe 3

Beispiellösungen:

Bundeskanzler/in: Dies ist ein Sachtext, weil er der Information dient, in einer sachlichen Sprache im Präsens geschrieben ist, nicht spannend aufgebaut ist ...

Rotkäppchen: Dies ist ein Erzähltext, weil er zur Unterhaltung geschrieben ist, einen spannungssteigernden Aufbau zeigt, weil er Gedanken der Personen beinhaltet und im Präteritum verfasst ist, ...

Seite 87

Sachtexte und Erzähltexte beschreiben

Aufgabe 1

Merkmale	Sachtext	Erzähltext
äußere Form	Zwischenüberschriften, kursive Wörter	Einteilung in Einleitung (Erzählsituation) und Haupttteil (Ereignis), Schluss (Ausgang); Überschrift, sonst keine Auffälligkeiten
Wortwahl/ Sprache	Fachwörter, sachlich	wörtliche Rede, Adjektive, lautmalende Verben
Absicht	informieren	unterhalten

Seite 88

Sachtexte und Erzähltexte erkennen und weiterschreiben

Aufgaben 1 und 2

Bei der Unterscheidung der beiden Texte können Nomen helfen, die wiederholt auftauchen. Auch Pronomen, die sich auf diese beziehen, helfen. Die Sprache, sachlich oder spannungsaufbauend, gibt auch Aufschluss über die Textsorten. Der Sachtext ist blau unterstrichen:

① Mustangs sind die wild lebenden Pferde Nordamerikas. ② Die Indianer lernten die Mustangs durch die Begegnung mit ihren Eroberern kennen und verehrten sie zuerst als heilige Tiere, denen sie mit Ehrfurcht und Respekt begegneten. ① In dieser Nacht wurde Mondsichel plötzlich wach. ② Sie lauschte in die Dunkelheit hinein. ③ Die Mustangs dienten den Indianern zunächst als Fleischquelle, wenn sie die Tiere den Siedlern irgendwie entwenden konnten. ③ Und als sie von fern ein Pferd wiehern hörte, da hielt sie nichts mehr zurück. ④ Leise wie eine Schlange schlich sie an ihren Eltern und an ihren Großeltern und Geschwistern vorbei zum Zelteingang. ④ Erst ab dem 17. Jahrhundert lernten die Indianer selbst den Umgang mit den Tieren und setzten sie für Jagd, Krieg, Zucht und als Transportmittel ein. ⑤ Sie schliefen fest und keiner hörte sie. ⑥ Ebenso leise huschte sie in die Nacht hinaus. ⑤ Die Plains-Indianer nutzten zum Transport ihrer Tipis spezielle Tragegestelle, sogenannte Travois, welche die Tiere problemlos ziehen konnten. ⑦ Da war es wieder, das Wiehern, von dem sie aufgewacht war. Es musste eins der eingefangenen Wildpferde sein. ⑥ Dies zeugt von deren großer Zähigkeit und trotz der Verwilderung sehr menschenbezogenen Art. ⑧ In diesem Augenblick nahm sich Mondsichel vor, ein Pferd zu zähmen. ⑦ Zu den Stämmen der Plains-Indianer, die schon früh Kontakt mit den Pferden knüpfen konnten, zählen die Comanche und Apachen. ⑨ Sie würde es selbst einreiten. ⑩ Und alle würden sich wundern, wenn sie am nächsten Morgen auf dem Pferd ins Lager reiten würde. ⑧ Sie waren als sehr gute Reiter bekannt.

Aufgabe 3

Beispiellösungen: Sachtext: „Die Geschichte der Mustangs", Erzähltext: „Mondsichels nächtlicher Plan"

Aufgabe 4

Beispiellösung: Mustangs wurden durch Jagd zur Fleischgewinnung zu Beginn des 20. Jahrhunderts fast ausgerottet. Mithilfe von Zuchtprogrammen hat sich die Population mittlerweile so gut erholt, dass jetzt die Überpopulation ein Problem ist.

Aufgabe 5

Individuelle Lösungen: Bei der Ausarbeitung der drei Erzählteile ist darauf zu achten, dass die Merkmale dieser Teile eingehalten werden. Einleitung (Erzählsituation): Der Leser wird neugierig auf die Geschichte gemacht, es wird geklärt, was wem wo und wann geschah. Hauptteil (Ereignis): Ein oder mehrere Höhepunkte werden gestaltet, Spannung wird aufgebaut, sprachlich und erzähltechnisch etc. Schluss (Ausgang): Die Geschichte wird zügig zu einem Abschluss gebracht, keine neuen Inhalte werden eingebaut.

Seite 89

3.2 Sachtexte und literarische Texte erschließen

Lernstand

Aufgabe 1

Indviduelle Lösungen

Aufgabe 2

- (x) Das überfliegende Lesen dient dazu, sich einen ersten kurzen Eindruck von einem Text und von dessen Inhalt zu verschaffen. Du achtest auf Überschriften, Absätze und Hervorhebungen.
- (x) Beim navigierenden Lesen liest du den Text zügig durch. Du verschaffst dir einen Überblick über den Aufbau und die Inhalte.
- (x) Beim selektiven Lesen liest du nur die Textstellen, die für deine Fragestellung wichtig sind.
- (x) Beim sinnerfassenden Lesen liest du den Text mehrmals und wendest dabei zur genauen Erschließung die 5-Schritt-Lesemethode an.

Seite 90
Sachtexte erschließen

Aufgabe 1

Beispiellösung: Es geht um Smartphones, besonders um WhatsApp. Man kann erfahren, wozu man es nutzen kann und was es kostet. Außerdem wird vor Gefahren gewarnt.

Seite 92

Aufgabe 2

Kritische Aussagen über WhatsApp finden sich in den letzten drei Abschnitten über Kosten (Z. 36–53), Datenschutz (Z. 54–85) und Gefahren durch Leute, die einem schaden wollen (Z. 86–112).

Aufgabe 3

Das Unterstreichen der unbekannten Wörter und die Klärung der Bedeutung sind individuell.

Bedeutung der fettgedruckten Wörter:
Ranking: Rangliste
soziales Netzwerk: ein Internetdienst, über den sich Menschen online miteinander verbinden können, um Informationen, Bilder, Videos usw. auszutauschen
Gruppenchat: Gruppenunterhaltung per Internet
Instant Messenger: *Instant* heißt *sofort* und *Messenger* so viel wie *Bote*. Mit sog. Instant Messengern werden Nachrichten sofort übermittelt.
W-LAN-Netz: W-LAN steht für *Wireless Local Area Network*, ist also ein kabelloses lokales Netzwerk.
Datenvolumen bezeichnet die Menge der Daten, die verarbeitet oder verschickt werden muss.
Installation: Einrichtung
Accounts: Nutzerkonten, Zugangsberechtigungen zu einem zugangsbeschränkten Internetsystem
Mobbing (Verb: mobben): andere Menschen ständig bzw. regelmäßig quälen und mit falschen Behauptungen oder Spott verletzen; Ziel ist es, die Betroffenen aus Freundeskreisen zu drängen oder zu isolieren. Oft sind die Mobber selber schwache und unsichere Personen, die sich auf diese Weise wichtig machen wollen.
Cyber-Mobbing: Mobbing übers Internet, vor allem in sozialen Netzwerken, etwa durch sogenannte „Hass"-Gruppen

Entscheidung und Begründung, ob der Text dann leichter zu lesen ist, sind individuell.

Aufgabe 4

	trifft zu	trifft nicht zu	keine Aussage möglich
Mit WhatsApp kann man Texte, Fotos und Videos an viele Menschen gleichzeitig verschicken.	✗		
Die Nutzung von WhatsApp ist grundsätzlich umsonst.		✗	
Mit dem Speichern von WhatsApp auf dem Handy erlaubt man den Zugriff auf seine gesamten Handydaten.	✗		
WhatsApp kann von Menschen in jedem Alter genutzt werden.		✗	
Wenn man WhatsApp benutzt, wird man besonders häufig Opfer von Cyber-Mobbing.			✗

Aufgabe 5

Die wichtigsten Gegenargumente finden sich in den letzten drei, vor allem in den letzten beiden Absätzen (Z. 54–112)

- möglicherweise anfallende Kosten bei hohen Datenvolumen
- mangelnder Datenschutz
- Gefahren durch Hacker oder Mobbing
- Jugendschutz – Verbot der Nutzung unter 16

Differenzierte Aufgabe 6

Beispiellösungen:

Ich stimme den Kritikpunkten nicht zu, weil diese auf viele andere Internetanwendungen ebenfalls zutreffen.
So können bei der Nutzung vieler Programme hohe Kosten entstehen. Ich muss als Nutzer immer darauf achten, dass durch meine Nutzung keine allzu hohen Kosten auflaufen. Das muss ich eben kontrollieren und wenn ich merke, dass es zu teuer wird, die Nutzung für eine gewisse Zeit einstellen. Auch die Probleme mit dem Datenschutz sind ein im Netz bekanntes Phänomen. Ich finde allerdings, dass WhatsApp selbst hier dafür sorgen muss, dass meine Daten nicht ungewollt an andere weitergegeben werden. Wenn das nicht passiert, würde ich WhatsAppp nicht mehr nutzen.
Gegen das Jugendschutzgesetz lässt sich nicht argumentieren. Die Kostenfalle lässt sich durch umsichtige Nutzung vermeiden. Datenschutzverletzungen und Cyber-Mobbing betreffen den Nutzer nur selten, sind aber undurchschaubar und deshalb besonders gefährlich. Man kann die Gefahr aber nie ganz ausschließen und deshalb ist es für mich kein Grund, auf WhatsApp zu verzichten.

Seite 93 Aufgabe 7

Es handelt sich um eine Balkendiagramm, das die Zahl der Schüler angibt, die die angegebenen sozialen Netzwerke nutzen. WhatsApp ist mit Abstand am beliebtesten, vor Skype und Facebook. Twitter wird kaum genutzt. Da man in der fünften Klasse in der Regel 10 oder 11 Jahre alt ist, verstoßen die Benutzer dieser Klasse bei WhatsApp, Facebook und Skype gegen die Altersbestimmungen, nur die Benutzung von Twitter ist in diesem Alter rechtlich unbedenklich.

Aufgabe 8

	trifft zu	trifft nicht zu	keine Aussage möglich
WhatsApp ist das beliebteste soziale Netzwerk in der Klasse.	✗		
Ein Großteil der Schüler folgt beliebten Prominenten auf Twitter.		✗	
Mehr Jungen als Mädchen nutzen das Internet.			✗
Facebook ist unter Kindern und Jugendlichen nicht mehr so beliebt wie noch vor wenigen Jahren.			✗
Mindestens 13 Schüler nutzen mindestens ein soziales Netzwerk.	✗		
Mehr als die Hälfte der Klasse nutzt soziale Netzwerke.			✗

Differenzierte Aufgabe 9

Individuelle Lösungen:

■ Die Tabelle mit den Aussagen aus Aufgabe 8 kann als Beispiel für die Darstellung des Auswertungsergebnisses genutzt werden. Sie müssen allerdings an die Umfrage angepasst werden, z. B.:

- Alle Schülerinnen und Schüler nutzen die Smartphones für alle drei Funktionen.
- Die beliebteste Funktion ist allerdings der Austausch in sozialen Netzwerken.

...

■ Die Ergebnisse können durch andere Grafiken, z. B. Kreisdiagramme oder Balkendiagramme wiedergegeben werden oder eine andere Art von Tabelle.

■ Bei einer Darstellung in Form eines informierenden Textes ist darauf zu achten, dass die Ergebnisse sachlich korrekt wiedergegeben werden, dass der Stil sachlich ist, dass keine Meinung ausgedrückt wird und dass die sprachliche Form, vor allem die Satzverknüpfungen, abwechslungsreich und logisch ist.

Seite 94

Gattungen literarischer Texte erkennen

Aufgabe 1

Text A: Es handelt sich um ein Märchen, da viele Märchenelemente, z. B. die Stiefmutter, die Hexe, der verwunschene Brunnen, darin vorkommen.

Text B: Es handelt sich um ein Gedicht, da Reime vorkommen und es in Versform geschrieben ist.

Text C: Es handelt sich um einen dialogischen Text, da es Dialoge und Regieanweisungen gibt.

Text D: Es handelt sich um einen Erzähltext. Es geht um das Thema Freundschaft, von dem ein Er-Erzähler erzählt. Es kommt auch wörtliche Rede vor.

Seite 95

Märchen verstehen und verfassen

Aufgaben 1 und 2

Paulas Märchenreise passt nur bei „Hänsel und Gretel" perfekt.

In den anderen Märchen kehrt niemand nach Hause zurück. Aber auch hier verlassen die Heldinnen und Helden ihre Heimat, bewähren sich und werden belohnt, indem sie eine neue Heimat finden. In Schneewittchen, Dornröschen und Rotkäppchen müssen die Hauptfiguren vom Märchenprinzen bzw. dem Jäger gerettet werden.

Die Märchen weichen von diesem Schema ab, weil sie nicht nach einem Muster geschrieben wurden, sondern über eine lange Zeit entstanden sind und von vielen Menschen mündlich erzählt und sicher dabei auch immer verändert wurden. Eine solche Überlieferung kann kein exaktes Muster abbilden.

Seite 96 Aufgabe 3

Individuelle Lösung: Die Schwierigkeit besteht darin, die gewürfelten Handlungsschritte sinnvoll zu verknüpfen und die einzelnen Punkte auszuarbeiten.

Seite 97

Fabeln verstehen und verfassen

Aufgabe 1

Stadtmaus	Feldmaus
reich	arm
selbstsicher	verunsichert
gibt gerne an	bescheiden
großzügig	misstrauisch

Seite 98 Aufgabe 2

Eine Fabel ist eine kurze, einfache Erzählung. In Fabeln haben Tiere menschliche Eigenschaften und sie verhalten sich auch wie Menschen. Oft stehen die Tiere für bestimmte Typen, etwa der Fuchs für jemanden, der listig ist. Eine Fabel hat am Schluss eine Lehre, die durch die Erzählung verdeutlicht wird.

Differenzierte Aufgabe 3

Beispiellösungen:

■ Die Stadtmaus kennt sich in ihrem Haus gut aus und kann die Gefahren umgehen, sodass sie keine Sorgen hat. Oder: Es ist ironisch gemeint, nämlich, dass die Sorgen der reichen Maus in Wirklichkeit keine echten Sorgen sind.

■ „Wer arm ist, kann trotzdem zufrieden sein."; „Reichtum ist nicht alles."

■ Hier bezieht sich die Lehre auf die Erkenntnisse der Feldmaus aus den Erlebnissen mit der Stadtmaus. Diese sind aus meiner Sicht wichtiger als die „Lehre" aus der Sicht der Stadtmaus.

Aufgabe 4

Die ursprüngliche Fassung von Aesop: Als er nun zum Storche kam, fand er alle möglichen Leckerbissen aufgetischt, aber nur in langhalsigen Gefäßen. „Folge meinem Beispiel", rief ihm der Storch zu, „tue, als wenn du zu Hause wärest." Und er schlürfte mit seinem Schnabel ebenfalls alles allein, während der Fuchs zu seinem größten Ärger nur das Äußere der Geschirre belecken konnte und nur das Riechen hatte. Hungrig stand er vom Tische auf und gestand sich ein, dass ihn der Storch für seine Gemeinheit angemessen gestraft habe. Lehre: Was du nicht willst, das man dir tu', das füg' auch keinem anderen zu.

Seite 99

Gedichte verstehen und weiterschreiben

Aufgabe 1

Individuelle Lösungen: Es ist auf eine sinnentsprechende und nicht monotone Betonung zu achten, bei dem nicht die Reime die Betonung dominieren.

Aufgabe 2

Individuelle Lösungen

Seite 100 Aufgabe 3

Das Gedicht besteht aus drei Strophen mit jeweils sechs Versen.

Aufgabe 4

Der Nachtschelm und das Siebenschwein,	a
die gingen eine Ehe ein,	a
o wehe!	b
Sie hatten dreizehn Kinder, und	c
davon war eins der Schluchtenhund,	c
zwei andre waren Rehe.	b
Das vierte war die Rabenmaus,	d
das fünfte war ein Schneck samt Haus,	d
o Wunder!	e
Das sechste war ein Käuzelein,	f
das siebte war ein Siebenschwein	f
und lebte in Burgunder.	e
Acht war ein Gürteltier nebst Gurt,	g
neun starb sofort nach der Geburt,	g
o wehe!	h
Von zehn bis dreizehn ist nicht klar; –	i
doch wie dem auch gewesen war,	i
es war eine glückliche Ehe!	h

Aufgabe 5

Jede Strophe in dem Gedicht „Der Nachtschelm und das Siebenschwein" beginnt mit einem ***Paarreim***, der aus ***zwei*** Versen besteht, und endet mit einem ***umarmenden Reim***, der aus ***vier*** Versen besteht. So entsteht ein Schweifreim.

Aufgabe 6

Beispiellösung: Einerseits hat Paula recht, da alle anderen Kinder aufgelistet werden. Andererseits handelt das Gedicht laut Titel von der Ehe der beiden und nicht von ihren Nachkommen. Und außerdem geht es Morgenstern eher darum, mit der Sprache zu spielen, als einen ernsthaften Text zu schreiben.

Differenzierte Aufgabe 7

Individuelle Lösungen: Sowohl in der blauen (Ergänzung einer Strophe) als auch in der schwarzen Niveaustufe (komplett neues Gedicht) ist darauf zu achten, dass Morgensterns Reimschema eingehalten wird.

Seite 101

Texte in Szene setzen

Aufgabe 1

Der Sprecher des Textes, eine Person im Wartezimmer eines Arztes, beobachtet den immer gleichen Ablauf: Eine Person verlässt das Sprechzimmer nach Aufruf der Helferin, eine Person geht in das Sprechzimmer. Am Schluss geht die Person selbst hinein und begrüßt den Doktor.

Aufgabe 2

Die Textanordnung in Versform zeigt, dass es sich um ein Gedicht handelt. Aber es wird eine Handlung erzählt, das Warten in einer Arztpraxis. Und da insgesamt sieben Personen etwas tun, und am Schluss der Sprecher mit dem Doktor redet, kann man das Gedicht als Szene spielen.

Differenzierte Aufgabe 3

- Insgesamt treten sieben Personen auf; auch die Tür kann durch einen Schauspieler dargestellt werden. Ein Schauspieler kann mehrere Rollen übernehmen, sodass auch Kleingruppen möglich sind.
- **Individuelle Lösungen:** Die Illustration legt Armbruch, Erkältung/Grippe, Beinbruch und Kopfverletzungen nahe, aber natürlich sind davon abweichende Krankheiten und individuelle Zustände nach der Behandlung denkbar.
- **Individuelle Lösungen:** Die Tür kann als eine Art Schranke oder eine Drehtür von einem Schauspieler dargestellt werden.
- **Individuelle Lösungen:** Auf jeden Fall sollte die wörtliche Rede am Schluss direkt vom Schauspieler gesprochen werden.

Keine Lösung gleicht der anderen. Ein szenischer Text bietet unendlich viele Möglichkeiten, ihn in Szene zu setzen. Denn der Text ist nur das Gerüst, das durch die Inszenierung ausgefüllt wird. Das gilt selbst für sehr einfache Texte wie Jandls Gedicht.

Seite 102 bis 105

Kompetenztest: Merkmale von Textarten kennen und Texte lesen, erschließen und verstehen.

Seite 102 Aufgabe 1

Individuelle Lösungen: Man wird die verschiedenen Techniken mehr oder weniger komplett anwenden. Auf die Schreibzeilen kann man Wörter schreiben, deren Bedeutung man nachschlagen muss und Fragen notieren, die sich aus bestimmten Textstellen ergeben. Schlüsselbegriffe kann man im Text selbst markieren. Man kann zu jedem Absatz eine zusammenfassende Überschrift notieren usw.

Seite 103 Aufgabe 2
Textart: Sachtext oder informierender Text
Zutreffende Textmerkmale: Text, der nur informieren und nicht unterhalten will (Wirkungsabsicht); in sachlicher Sprache geschrieben (keine spannungserzeugenden Mittel, keine Gefühle...), auch wenn ein wörtliches Zitat vorkommt; im Präsens (Vorzeitigkeit im Perfekt) geschrieben

Seite 104 Aufgabe 3

A falsch (in Jordanien)	B richtig
C richtig	D falsch (Robert Hengl)
E richtig	F Aussage nicht im Text enthalten
G falsch (keine richtige Aussage möglich)	

Aufgabe 4
Beste Zusammenfassung: Die Mitarbeiter von VIER PFOTEN wollen die Arbeitsbedingungen für Nutztiere verbessern und sich um deren medizinische Versorgung kümmern.

Aufgabe 5
Beispiellösung: Tierhilfe ist auch deshalb Menschenhilfe, weil der Halten eines Arbeitstieres nur dann seinen Lebensunterhalt mit dem Arbeitstier gut verdienen kann, wenn sein Tier in einem guten gesundheitlichen Zustand ist.

Aufgabe 6
Beispiellösungen: Tierschutzorganisation verbessert die Lebensbedingungen von Arbeitstieren in Jordanien. (sachliche Variante)/VIER PFOTEN helfen Vierbeinern (eher Aufmerksamkeit erregende Überschrift)

Seite 105 Aufgabe 7
Individuelle Lösung: Der Vortrag sollte die Stimmungen im Text widerspiegeln.

Aufgabe 8
Beispiellösung: Die Frage nach der Textsorte von „Eine Schemengestalt" ist nicht einfach zu beantworten, weil sich Textmerkmale finden, die für ein Gedicht sprechen und solche, die für eine Erzählung sprechen: Für ein Gedicht spricht, dass der Text in Strophen geschrieben ist und auch einen Reim aufweist. Für eine Erzählung spricht, dass eine richtige Geschichte erzählt wird, die spannend aufgebaut ist.

Aufgabe 9
Individuelle Lösungen: Wichtig ist, dass die angenommene Fortsetzung sowohl sprachlich als auch inhaltlich zum Anfang passt.

Tipps

Generelle Übungsmöglichkeiten beim Umgang mit Texten:

Übernimm die folgende Checkliste in dein Heft. Nutze sie zum Überprüfen deines Lesefortschritts.
Prüfe von Zeit zu Zeit, ob du dir den Inhalt eines Textes richtig erschlossen hast.
Kreuze dafür das Entsprechende in deinem Heft jeweils an oder ergänze eigene Techniken.

Checkliste zur Erarbeitung von Texten

Ich habe ...	ja	nein
... die Aufgabe gründlich gelesen		
... die Aufgabe verstanden		
... Fragen zur Aufgabe gestellt		
... den Text überflogen		
... den Text gründlich gelesen		
... im Text unterstrichen oder markiert		
... den eigenen Lernweg gesucht		
• ein Bild gemalt		
• Stichwörter formuliert		
• den Text zusammengefasst		
• Fragen gestellt		
• den Text laut gelesen		
• den Text laut jemandem vorgetragen		

→

Wenn du noch Probleme beim Erschließen von Texten hast:

Erstelle Karteikarten zu Textarten:

Lege Karteikarten zu den Merkmalen der einzelnen Textarten an oder erstelle eine Mind-Map mit den Merkmalen.

Übe genaues Lesen:

Kopiere dir den „Pyramiden-Text“ in größerer Schrift auf ein Blatt Papier. Schneide im oberen Teil eines weiteren DIN-A6-Blattes ein Sichtfenster aus, das genau so breit und so hoch ist, wie die unterste Zeile der Pyramide. Schiebe das Sichtfenster von oben nach unten und schreibe die immer länger werdende Zeile ab.

Dein
Lineal
gebrauchst
du gewöhnlich
im Matheunterricht.
Manchmal benutzt du es
aber auch im Kunstunterricht.
Nützlich ist es besonders beim
sauberen Zeichnen von Pyramiden.
Du kannst das Lineal natürlich auch als
Lesehilfe nutzen und es so sinnvoll einsetzen.
Ist dieses Arbeitsmittel nicht eine wundervolle Hilfe?

Fertige ein Lesezeichen mit der 5-Schritt-Lesemethode an:

Benutze es bei jeder Texterschließung.

1. Sich einen Überblick verschaffen: Text überfliegen, Bilder, Titel und Zwischentitel anschauen
2. Fragen stellen: Um was geht es? Was weiß ich schon? Was kommt mir bekannt vor?
3. Mit dem Stift lesen: Text lesen, Schlüsselbegriffe und Kernaussagen anstreichen, Randnotizen anbringen
4. Unklarheiten beseitigen: Unbekannte Wörter und Begriffe nachschlagen, Zusammenhänge klären
5. Zusammenfassen und zusammenführen: Inhalt abschnittweise zusammenfassen (kurz), Skizzen machen, in eigenen Worten zusammenfassen (nur wichtigste Aussagen)

Ordne Notizen:

Ordne die Inhalte und Aspekte, die du zu einem Text stichwortartig notiert hast.
Nummeriere deine Notizen farbig in der Reihenfolge, in der du sie wiedergeben möchtest. Nummeriere ergänzende Informationen zu den einzelnen Punkten genauso.

Führe bei Erzähltexten ein Lesebegleitheft:

Fertige in einer Kladde zu jedem Buch und zu jeder Geschichte, zu jedem Text, die/den du liest, einen Lesesteckbrief nach folgendem Muster an:

Autor:
Titel:
Erscheinungsort:
Erscheinungsjahr:
Verlag:
Hauptpersonen:
Kurzzusammenfassung des Inhalts:
Buchart/Textart:

Angaben zum Autor:
Eine Stelle, die besonders wichtig für mich ist, und meine Begründung dazu:

Das Buch/die Geschichte hat mir gefallen/mich interessiert, weil …

Wenn du beim Formulieren von Erschließungsergebnissen noch Probleme hast:

Nutze generelle Tipps:

- Verwende deine Mind-Maps (siehe oben) zu den Textarten beim Verfassen eigener Texte.
- Versuche, den Inhalt eines Textes mit einem einzigen kurzen Satz zu umschreiben.
- Notiere die Zeilenzahl des Textabschnitts, wenn du über einen Textabschnitt schreibst.

Fasse Texte zusammen:

- Verbinde die Stichworte, die du zu einem Text aufgeschrieben hast, in ihrer Reihenfolge sprachlich miteinander.
- Schreibe überwiegend einfache Sätze, die du gut überblicken kannst.
- Formuliere einen Entwurf und lasse eine Korrekturspalte.
- Korrigiere und überarbeite.
- Übertrage den fehlerfreien Text in dein Heft.

Trainiere die Nutzung von Nachschlagewerken:

- Sage das ABC zum Aufwärmen einmal ganz schnell auf. Versuche es auch rückwärts.
- Schreibe die Buchstaben auf, die vor M F Y J L P O stehen. Welches Wort hat sich ergeben?
- Jetzt anders herum: Schreibe die Buchstaben auf, die nach B N L O T S D Q stehen. Hast du wieder ein Wort erhalten?
- Finde zu jedem Nomen ein passendes Adjektiv mit dem gleichen Anfangsbuchstaben: artiger **Apfel**, … Baum, Chemiker, Decke, Ente, Frosch, Gurke, Hals, Igel, Jaguar.
- Ergänze Nomen und Adjektive für alle anderen Buchstaben des Alphabets.
- Schreibe alle Wörter, die du gefunden hast, auf und ordne sie nach dem Alphabet. Achte dabei auch auf den zweiten Buchstaben. Bilde dazu die Grundform der Adjektive: Apfel → artig → …

3 Überprüfe mithilfe der Checkliste, ob Tareks Text alle Kriterien für eine gelungene Erzählung erfüllt. Kreuze diese in der Tarek-Spalte an.

Checkliste

Kriterien für eine gelungene Erzählung	Tarek	ich
(1) Die Erzählung hat drei Teile: Erzählsituation – Ereignis – Ausgang.		
(2) Die Überschrift passt zum Thema des Aufsatzes.		
(3) In der Schilderung der Erzählsituation wurden die wichtigen Fragen beantwortet: Wer? Wann? Wo? und Was?		
(4) Der Aufsatz ist in der Zeitform Präteritum geschrieben.		
(5) Um die Erzählung lebendig zu gestalten, ist die wörtliche Rede verwendet worden.		
(6) Auch die Mimik, Gestik und die Gefühle der Personen (innere Handlung) sind beschrieben worden.		
(7) Im Aufsatz kommen aussagekräftige Verben und viele Adjektive vor.		
(8) Die Reihenfolge der Ereignisse ist gut nachvollziehbar.		
(9) Der Höhepunkt der Geschichte (manchmal auch mehrere Höhepunkte) ist (sind) spannend geschrieben.		
(10) Der Aufsatz nutzt unterschiedliche Satzanfänge und vermeidet Wiederholungen.		
(11) Die Erzählung wird durch einen nicht zu langen Schluss abgerundet, der sich auf die Handlung bezieht und den Ausgang der Geschichte schildert.		

4 Notiere nun die W-Fragen und die Antworten, die die Erzählung darauf gibt.

____

____

____

5 Versuche genau zu bestimmen, wo die Erzählsituation, das Ereignis und wo der Ausgang der Geschichte geschildert wird. Was stellst du fest? Notiere deine Antwort kurz in deinem Heft.

6 Unterstreiche in der Erzählung die Fehler (falscher oder langweiliger Satzbau, Wiederholungen, falsches Tempus etc.) und berichtige sie auf den Linien.

7 Schreibe die Geschichte anschließend unter Berücksichtigung deiner Korrekturen in deinem Heft neu.

8 Überprüfe anschließend mithilfe der Checkliste, ob deine Erzählung alle Kriterien erfüllt. Kreuze in der Ich-Spalte an, welche Kriterien bei deiner eigenen Erzählung zutreffen.

1.3 In Briefen und E-Mails argumentieren

Hier findest du Informationen im Schülerbuch: *S. 66–75*

Diese Kompetenzen trainierst du: *den Aufbau von Briefen kennen, adressatenbezogen schreiben, formale Kriterien kennen, einen Schreibplan erstellen, Begründungen sammeln und ordnen, Texte ordentlich und übersichtlich gestalten, Texte sauber und leserlich schreiben*

Hier findest du Hilfestellungen im Arbeitsheft: *Nachschlagen S. 106*

Teste deinen Lernstand

Weißt du, wie man formelle Briefe und E-Mails verfasst?

1 Beim Verfassen sachlicher Briefe und E-Mails muss man bestimmte formale Vorschriften beachten. Notiere nachfolgend mindestens drei dieser Vorschriften.
Tipp: Die Begriffe auf den Kärtchen helfen dir dabei.

Anredepronomen

Grußformel

Anliegen/Betreff

Aufbau

Adressen

2 Traust du dir zu, einen sachlichen Brief oder eine sachliche E-Mail zu verfassen? Kreuze die Aussage an, die am besten zu deiner Einschätzung passt, und formuliere eine entsprechende Begründung.

- ◯ Ich traue mir zu, einen formellen Brief/eine formelle E-Mail zu verfassen, weil …
- ◯ Ich traue mir eher nicht zu, einen formellen Brief/eine formelle E-Mail zu verfassen, weil …

Briefe adressatenorientiert formulieren

1 Verbinde die folgenden Anrede- und Schlussformeln jeweils mit einer passenden Situation (Mehrfachzuordnungen sind möglich).

Situation	Anrede- und Schlussformel
	1) Lieber Max,
	2) Sehr geehrter Herr Meier,
a) Liam schreibt an einen Freund.	3) Hallo Margit,
b) Mutter schreibt aus dem Urlaub an die Nachbarin.	4) Liebe Frau Schiller,
c) Samuel schreibt seinem Klassenlehrer.	5) Mein(e) liebe(r),
d) Mutter schreibt ihrem Kind.	
e) Enya schreibt ihrer Lehrerin, die im Krankenhaus liegt.	
f) Vater beschwert sich in einem Brief beim Nachbarn.	
g) Petra schreibt ihrer Schwester aus dem Urlaub.	A) Bis bald, dein(e)
h) Oma schreibt ihrem Enkel zum Geburtstag.	B) Herzlichst, Ihr(e)
	C) Es grüßt dich herzlich dein(e)
	D) Mit freundlichen Grüßen
	E) Ciao und bis bald

2 Paula hat einen Brief an die Polizei geschrieben, um sie zu überzeugen, dass ihr Freund Jan keine Schuld an seinem Fahrradunfall vom 27. 4. hat. Weil sie dabei sehr aufgeregt war, sind ihr zehn Fehler unterlaufen. Markiere die zehn falschen Stellen und verbessere sie am Rand.

Lieber Herr Polizeiobermeister Karl Huber.

Mein Freund Jan, der der netteste Junge in unserer Klasse ist, ist nicht schuld am Unfall von vor einigen Tagen. Ich habe deutlich gesehen, dass er ein Handzeichen gegeben hat, als er nach links in die Waldstraße abgebogen ist. Weil ich bin nur 20 Meter hinter ihm gefahren. Wenn dir der Autofahrer gesagt hat, dass Jan das nicht getan hat, dann ist das voll die Lüge. Ich habe nämlich auch gesehen, dass der Typ gerade mit seinem Handy herumgemacht hat, als er an mir vorbeigefahren ist. Danke, dass du mir zugehört hast.

Viele Grüße deine
Paula

ACHTUNG FEHLER!

Einen sachlichen Brief inhaltlich planen

Für die Ganztagsbetreuung sollen im Gymnasium Neustadt Freizeitgeräte angeschafft werden. Die Klasse beschließt, der Schulleiterin, Frau Klarmann, in einem Brief die Vorzüge eines Acht-Personen-Kickers zu erklären.

ACHTUNG FEHLER!

Neustadt, 26.6.2017

Sehr geehrte Frau Klarmann,

wir, die Klasse 5a, möchten Ihnen einen Vorschlag machen: Kaufen Sie einen Acht-Personen-Kicker. Denn der ist zwar teurer, hat aber große Vorteile. Zunächst einmal können viel mehr Kinder gleichzeitig spielen. Außerdem ist es spannender, wenn man richtige Mannschaften bilden kann, die in Turnieren gegeneinander spielen. Wir würden uns sehr freuen, wenn Sie unseren Vorschlag berücksichtigen.

Mit freundlichen Grüßen
Ihre Klasse 5a

Paula: „Du musst den Anlass des Briefes noch erläutern. Sonst weiß Frau Klarmann gar nicht, worauf wir uns beziehen."

Tarek: „Außerdem müssen wir noch erklären, warum Turniere am Achter-Kicker so viel spannender sind als bei normalem Tischfußball."

1 Mit dem Entwurf ist die Klasse aber noch nicht einverstanden, wie du an den Kommentaren siehst. Hilf ihnen den Brief zu überarbeiten. Übertrage die Skizze des Schreibplans in dein Heft und fülle ihn aus.

Schreibplan

Anlass: ?

Unser Vorschlag: ?

Erster Grund: ?

Erläuterung: ?

Zweiter Grund: Turniere mit Mannschaften möglich

Erläuterung: ?

Folge: So wird der Teamgeist der Mannschaft gestärkt.
Bitte: Anschaffungskosten lohnen sich

2 Wähle nun eine der folgenden Aufgaben. Arbeite in deinem Heft:

- Formuliere zwei Punkte aus dem Schreibplan aus.
- Formuliere drei Punkte aus dem Schreibplan aus.
- Schreibe eine vollständig überarbeitete Version des Briefs.

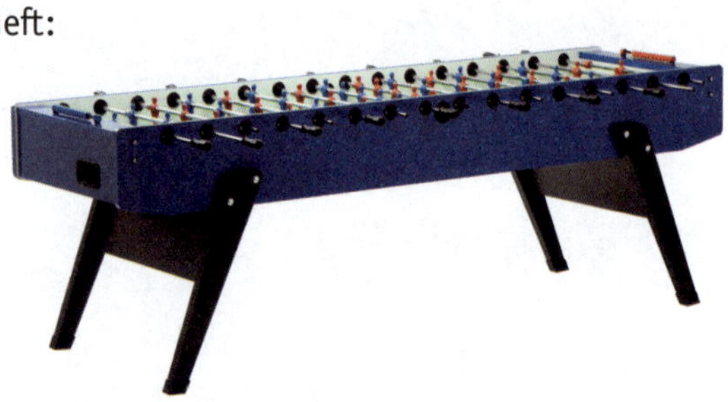

Begründungen sammeln und ordnen

1 Deine Cousine Hannah aus Österreich hat dir eine E-Mail geschrieben, weil sie nach Franken umzieht und nicht weiß, auf was für eine Schule sie gehen soll. Hanna nennt in ihrer Mail selbst zwei Gründe, die aus ihrer Sicht gegen den Besuch eines Gymnasiums sprechen. Welche sind das? Markiere sie farbig.

An: Schlumpf05

Signatur: Ohne

Hey,
wie du weißt, werden wir nächsten Sommer wieder nach Nürnberg ziehen. Ich freue mich schon, dass wir uns dann wieder öfter sehen. Na ja, unser Haus am Gebirgssee werde ich schon vermissen, aber Franken hat ja auch schöne Badeseen. Was ich jetzt aber wissen muss: An was für eine Schule soll ich gehen? Eigentlich will ich ja an ein Gymnasium und ich habe auch die dafür benötigten guten Noten. Aber ein bisschen Angst vor dem vielen Lernen und den schweren Prüfungen habe ich trotzdem. Was meinst du? Warum hast du dich denn für dein Gymnasium entschieden? Schreib mir bald!
Ciao, deine Hannah

2 Notiere deine eigene Meinung zu den beiden von Hanna genannten Gründen, die gegen den Besuch eines Gymnasiums sprechen:

Erster Grund: Ich bin der Meinung, dass ______________________________

____

Zweiter Grund: Meiner Meinung nach ______________________________

____

3 Hannah möchte also einen Rat von dir, auf welche Schule sie gehen soll. Überlege dir zunächst Gründe für den Besuch eines Gymnasiums. Ergänze dafür die folgende Mind-Map.

4 Schreibe jetzt den Entwurf deiner E-Mail in dein Heft. In der E-Mail solltest du mindestens ■ zwei / ■ drei / ■ vier Gründe aus Aufgabe 3 ausformulieren.

1.4 Informierende Texte schreiben

Hier findest du Informationen im Schülerbuch: *S. 48–65*

Diese Kompetenzen trainierst du: *Informationen sammeln und sortieren, Details genau und verständlich wiedergeben, schriftlich von Ereignissen berichten, den Aufbau einer Beschreibung kennen, sachlich schreiben, formale Merkmale kennen, einen Schreibplan verfassen, Texte ordentlich und übersichtlich gestalten*

Hier findest du Hilfestellungen im Arbeitsheft: *Nachschlagen S. 107*

Teste deinen Lernstand

Was weißt du über informierende Texte?

1 Bericht und Beschreibung zählen zu den informierenden Texten. Ergänze in der nachfolgenden Tabelle stichpunktartig alles, was du zu diesen beiden Formen des Informierens weißt.

	Bericht	Beschreibung
Aufbau:		
sprachliche Gestaltung:		
Zeitform:		
Das sollte ich bei diesem Text vermeiden:		

2 Warst du bei manchen Punkten noch unsicher? Formuliere für dich in diesem Fall einen konkreten „Auftrag“.

Das muss ich mir nochmals genauer ansehen:

____

____

____

Informationen für einen Bericht sammeln, ordnen und adressatengerecht weitergeben

1 Paula, Jakob und Tarek möchten in den Zirkus gehen. Während sie auf den Einlass warten, wird Tarek von einigen Jungen geärgert. Betrachte die Bilder und nummeriere sie in einer sinnvollen Reihenfolge.

2 Schreibe zu jedem Bild die wichtigsten Informationen in Stichpunkten in deinem Heft auf.

3 Paula berichtet am nächsten Tag Tareks Vater von dem Vorfall. In Paulas Bericht fallen folgende Stichwörter:

Stichwortspeicher

Tareks neue Baseballmütze aus Amerika – gestern – auf der Wiese vor dem Zirkuszelt – 15 Uhr – Kai, ein bekannter älterer Schüler aus Tareks Schule – Lisa und Karl haben nicht geholfen – einige haben sogar angefeuert – Mütze zerrissen

Wähle nun eine der folgenden Aufgaben aus:

- Ordne alle Informationen, die du der Bildergeschichte und Paulas Bericht entnehmen kannst, den W-Fragen in der Mind-Map zu.
- Ordne Paulas Informationen zuerst den W-Fragen zu und bringe sie anschließend mithilfe von Nummern in eine sinnvolle Reihenfolge für Paulas Bericht.
- Ordne die Informationen den W-Fragen zu, ergänze sie, wo nötig, um eigene Angaben und bringe sie schließlich alle mithilfe von Nummern in eine sinnvolle Reihenfolge.

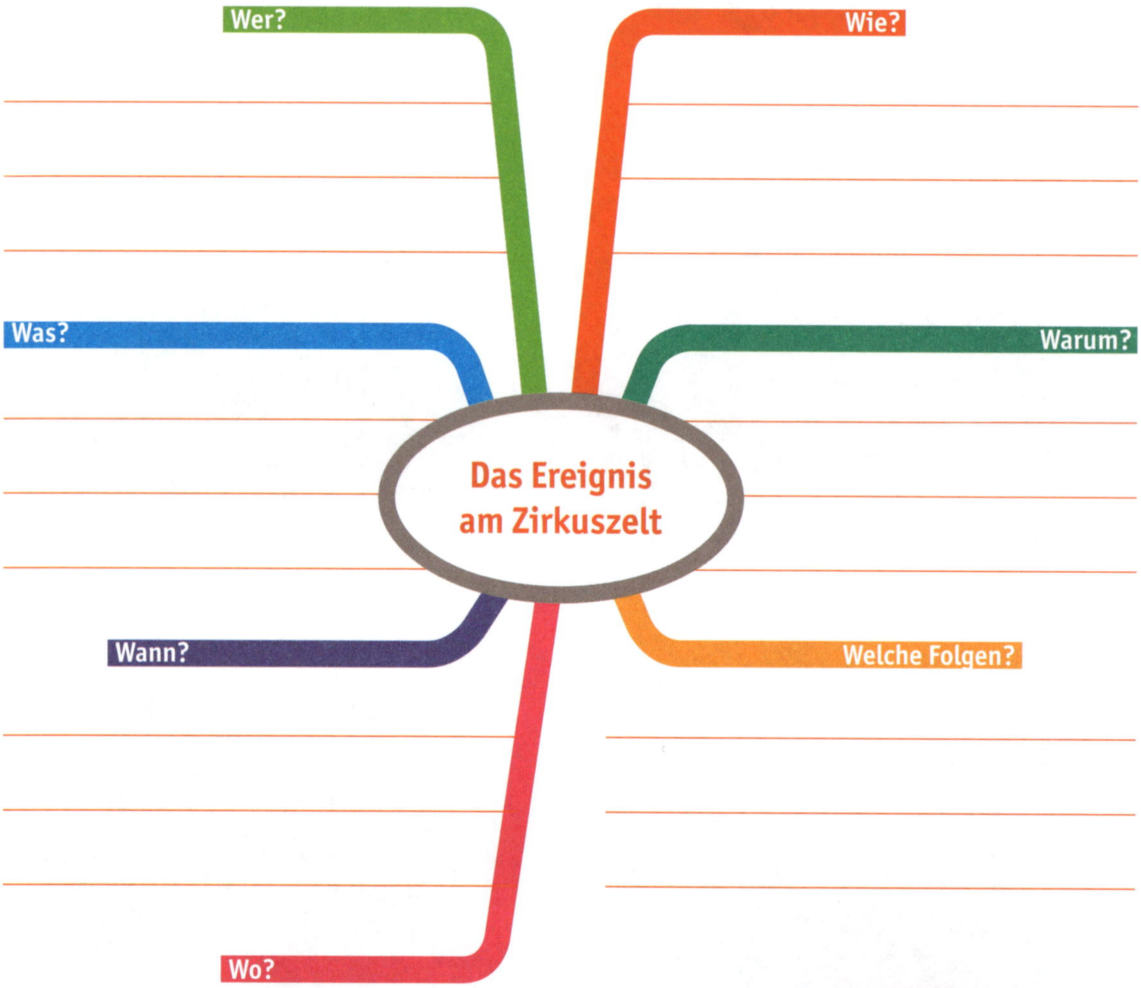

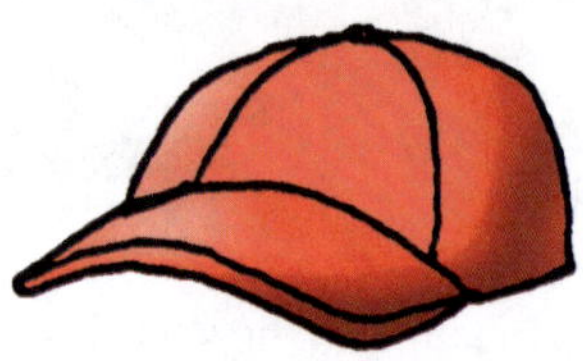

4 Auch einige Zirkusmitarbeiter haben den Vorfall vor dem Zirkuszelt beobachtet und berichten dem Direktor davon. Unterringle alle Wörter oder Wendungen, die nicht in einen sachlichen Bericht passen.

Detektivauftrag:
Der Tierpfleger spricht von „um diese Zeit". Um welche genaue Uhrzeit handelt es sich eigentlich? Merke dir, dass es in einem Bericht oft wichtig ist, Ort und Uhrzeit des Vorfalls genau anzugeben.

Tierpfleger: „Ich war – wie immer um diese Zeit – bei den Tieren im Stall und konnte von dort beobachten, wie sich die zwei Jungen hinter dem Zirkuszelt geprügelt haben. Ein unfairer Kampf – klein gegen groß!"

Kassiererin: „Der nette Junge stand mit anderen Schülern in der Schlange, als ein größerer Junge ihm plötzlich seine schicke Mütze wegnahm."

Popcornverkäufer: „Mir tat der Junge so leid. Er heulte Rotz und Wasser!"

Clown: „Ich war schockiert! Die anderen Kinder haben einfach nur blöd geguckt und standen dumm herum."

Schlangenfrau: „Die beiden Jungen zogen an der Baseballmütze, dabei ist diese in der Mitte zerrissen."

Dompteur: „Die feigen Übeltäter liefen einfach davon."

5 Ergänze, ausgehend von deinen Unterstreichungen in Aufgabe 4, den nachfolgenden Merksatz.

Das musst du wissen

____________________ und ____________________

gehören nicht in einen sachlichen Bericht.

6 Wähle ■ zwei / ■ drei / ■ vier Aussagen aus Aufgabe 4 aus und verändere oder ergänze diese so, dass Paula sie in ihrem Bericht verwenden kann.

Tipp: Achte dabei schon auf eine sinnvolle Reihenfolge.

____

____

____

____

____

____

7 Da Kai und sein Mitschüler schon häufiger jüngere Schüler drangsaliert haben, bittet Tareks Vater Paula darum, dem Schulleiter in einer E-Mail von dem Vorfall am Zirkuszelt zu berichten.
Lies den Anfang von Paulas noch nicht ganz fehlerfreier E-Mail. Hilf ihr bei der Verbesserung, indem du auf den Schreibzeilen konkrete Verbesserungsvorschläge einfügst.

ACHTUNG FEHLER!

Sehr geehrter Herr Dr. Baumann,

gestern kam es vor dem Zirkuszelt zu einem üblen Vorfall zwischen Tarek und Kai, bei dem Tareks coole Baseballmütze zerrissen wurde. Wir haben gegen 15 Uhr vor dem Zirkuszelt in der Schlange gewartet. Dann zog der fiese Kai aus unserer Schule, Tarek einfach so dessen Mütze vom Kopf. Dann hat sich Kai die Mütze über Tareks Kopf mit einem anderen Jungen, der auch in Kais Klasse ist, zugeschmissen. Da ihm keiner half, versuchte Tarek dann sich die Mütze zurückzuholen. Zum Glück erwischte er sie. Aber Kai bekam sie dann auch wieder am anderen Ende zu fassen. Wirklich doof! Dann haben beide Jungen an der Mütze gezogen.

8 Übertrage die korrigierte Fassung von Paulas E-Mail-Anfang in dein Heft und vervollständige ihren Bericht.

Tipp: Denke daran, die E-Mail so zu formulieren, dass sie zum Adressaten passt.

Sachlich berichten und argumentieren

1 Als der Zirkus seinen letzten Abend in der Stadt hatte, gab es eine große Aufregung. Eine ältere Frau, die in das Geschehen verwickelt war, erzählt einem Reporter aufgeregt davon. Formuliere in der Randspalte im sachlichen Berichtsstil jeweils die Informationen, die für einen Zeitungsbericht wichtig sind.

„So eine Aufregung", sagte Frau Mieser mit zittriger Stimme. „Als ich um 17.00 Uhr in meinen Garten schaute, traute ich meinen Augen kaum. Ein riesiger Elefant stand in meinem Blumenbeet und verspeiste meine Tulpen. Ich schrie und rief meinem Mann zu, dass da ein Elefant im Garten steht, aber der lachte nur. Als ich nicht aufhörte zu schreien, kam er endlich. Er schaute durch das Fenster und sah die Bescherung. Gott sei Dank schien der Koloss friedlich zu sein. Mein Mann überlegte, woher der Elefant wohl käme. Ihm fiel ein, dass der Zirkus Santonini seit dem 10.09. auf der Wiese vor der Stadt stand. Also rief er die Polizei, die kam zwanzig Minuten später zusammen mit dem Zirkusdirektor. Meine Güte, mein Herz pochte vielleicht! In der Zwischenzeit hatte das Riesentier meine Äpfel verschlungen, große Haufen hinterlassen und überall waren Fußspuren. Zum Glück war der Riese ein gutmütiges Tier und er ließ sich einfangen und zum Zirkus zurückbringen. Am Abend kam der Zirkusdirektor und schenkte uns einen großen Korb mit Obst und Pralinen. Er erzählte, dass sich die Fußfessel von Maja, der Elefantendame, gelöst hatte. Warum, weiß keiner. Maja war natürlich wie üblich im Freien mit einer Fußkette nahe einer Gruppe von Büschen in einer Wiese angepflockt gewesen. Sie war dann drei Stunden lang durch die Straßen und Gärten spaziert, ohne dass jemand sie bemerkt hatte. Der Elefantenpfleger hatte natürlich sofort um 14.00 Uhr die Polizei informiert, aber die Suche war zunächst erfolglos geblieben. Niemand wurde verletzt, aber drei Gärten in unserer Alleestraße sind völlig verwüstet. Nein, war das eine Aufregung, aber der Zirkusdirektor hat gesagt, dass mein Garten wieder hergestellt wird. Wer kann denn auch wissen, ob so ein Elefant friedlich ist?"

2 Überprüfe, ob alle wichtigen W-Fragen durch den Text beantwortet werden. Liste sie vollständig in der richtigen Reihenfolge in deinem Heft auf.

3 Schreibe mithilfe deiner Notizen und der W-Fragen einen sachlichen Zeitungsbericht. Benutze das richtige Tempus.

4 Verfasse eine Mail an den Zirkusdirektor. Lege darin dar, was du von Fußfesseln für Zirkustiere hältst, und begründe deine Meinung.

In einem Bericht eine Person beschreiben

Der Schulleiter will herausfinden, welcher von Kais Mitschülern der andere Junge war.

1 Paula versucht sich an den Jungen zu erinnern. Sieh dir das Bild des Jungen an und schreibe wichtige Punkte für die Beschreibung stichpunktartig in die Tabelle.

Kleidung	**Aussehen (z. B. Haarfarbe, Körperbau)**

2 Wähle eine der folgenden Aufgaben:

- Sortiere die gesammelten Beobachtungen zur Kleidung und ergänze sie mit fehlenden Details.
- Lege eine komplette Mind-Map zur Kleidung des Jungen an.
- Lege eine komplette Mind-Map zum Aussehen des Jungen an.

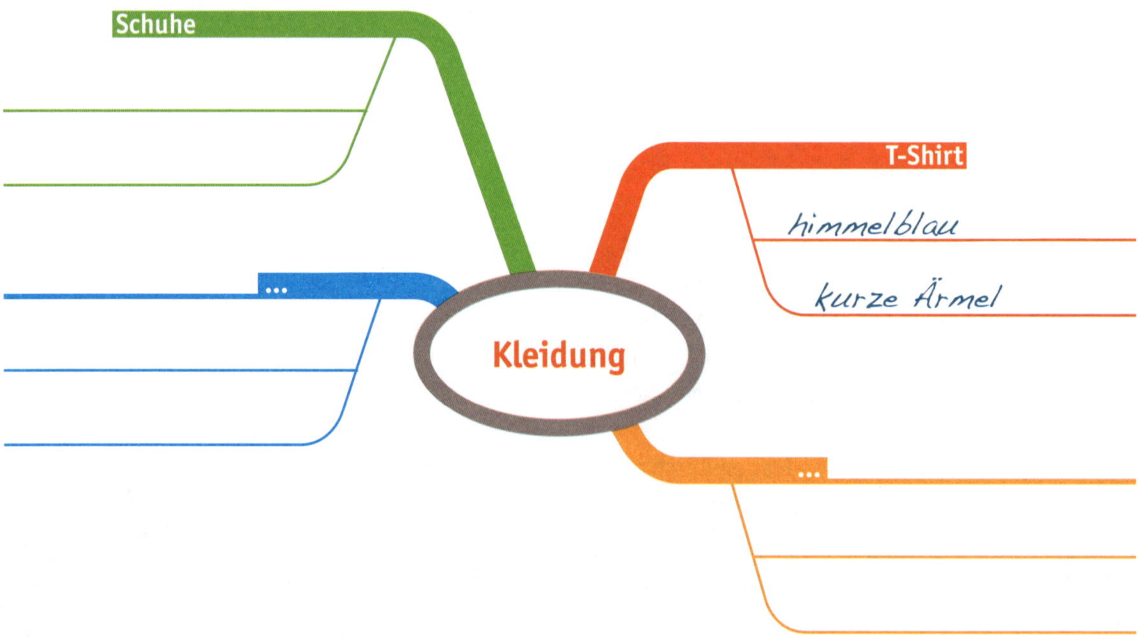

3 Formuliere nun deine gesammelten Beobachtungen aus Aufgabe 2 in vollständigen Sätzen in deinem Heft aus.

Eine Vorgangsbeschreibung vorbereiten

Der Zirkusdirektor lädt Tarek und seine Freunde Paula und Jakob zur Zirkusvorstellung ein. Zudem spendiert er allen eine große Portion „Spezial-Popcorn".

1 Tarek, Paula und Jakob wollen das Popcorn mit der besonderen Gewürzmischung unbedingt einmal selbst zubereiten. Sieh dir die Zutaten und Küchenutensilien an und erstelle dann mithilfe der Aussagen des Popcornverkäufers eine Liste aller benötigten Dinge.

„Für eine große Schüssel brauche ich eine ganze Packung Popcorn-Mais. Ich nehme zwei Teelöffel Vanillezucker und die gleiche Menge Zimt. Beim Kokoszucker brauche ich einen Teelöffel und beim Kokosöl zwei Teelöffel mehr als beim Zimt. Natürlich brauche ich wie immer eine Herdplatte und einen Kochlöffel."

Zutatenliste:

- __________
- __________
- __________
- __________
- __________

benötigte Küchenutensilien:

- __________
- __________
- __________
- __________
- __________

2 Tarek, Paula und Jakob haben bei der Zubereitung des Popcorns genau zugesehen und machen sich dazu jeweils schnell eine kurze Notiz in ihren Handys. Formuliere ihre Stichpunkte zu vollständigen Sätzen um.

Paula:

3 schon aufgepoppte Körner aus Topf nehmen – restlichen Mais einfüllen – Deckel zu – Topf auf heiße Platte stellen – warten, bis alle Körner aufgepoppt sind

Tarek:

1 EL Kokosöl + 3 Maiskörner in Topf – Deckel drauf – auf Herd stellen – warten bis Körner aufpoppen

Jakob:

Kokosöl/kleiner Topf/erwärmen – geschmolzenes Öl → Kokoszucker, Vanillepulver, Zimt einrühren – Mischung über Popcorn + alles vermengen

3 Welche Reihenfolge ist für die einzelnen Schritte sinnvoll? Nummeriere die Sätze aus allen drei Kästchen in der passenden Reihenfolge durch.

4 Wie lassen sich die drei ausformulierten Schritte sinnvoll miteinander verbinden? Formuliere geeignete Verknüpfungen.

Eine Vorgangsbeschreibung verfassen

Bei der Zirkusvorstellung zeigt der Zauberer Rapunzius einen faszinierenden Bechertrick.

1 Sieh dir die Abbildung genau an und formuliere eine Vermutung, wie dieser Trick funktionieren könnte.

So könnte der Trick funktionieren:

2 Natürlich darf Rapunzius Tarek den Trick nicht verraten, aber er gewährt ihm einen kurzen Blick ins „Zauberbuch der durcheinandergeratenen Bilder". Bringe die Bilder in eine sinnvolle Reihenfolge und notiere stichpunktartig, was du darauf erkennen kannst.

Der Blick ins Zauberbuch hat Tarek geholfen, den Trick zu entschlüsseln.
Zum Üben hat er den genauen Ablauf – mit ein paar Lücken – ausformuliert.

3 Sieh dir die Bilder und deine Aufzeichnungen aus Aufgabe 2 nochmals an und ergänze die Lücken in Tareks Beschreibung. Die Schreibzeilen rechts brauchst du für die nächste Aufgabe.

ACHTUNG FEHLER!

Für den Zaubertrick benötigt man eine präparierte Spielkarte sowie einen

__________________________.

Zunächst zeigt man dem Publikum die Karte von Vorder- und

__________________________ sowie den Becher, um

zu beweisen, dass daran nichts Außergewöhnliches ist. Dann stellst du die Karte mit der

__________________________ zum Publikum vor dich

auf und hältst sie mit der __________________________ Hand fest.

Dann deutet man dem Publikum gegenüber mehrere Versuche an, den Pappbecher auf die Karte zu stellen. Durch diese Versuche kannst du die Karte so abdecken, dass man dann die

__________________________ mit dem

__________________________ öffnen und diese

dann in die Mitte der Karte schieben kann. Dann stellt der Zauberer den Pappbecher

__________________________ der Karte und der

geöffneten Klappe ab und macht für das Publikum ein paar magische Handbewegungen. Der Pappbecher scheint so auf der Karte zu

__________________________. Dann nimmt

man den Becher wieder von der Karte. Dazu hält man Becher und Karte fest und schließt dann mit dem rechten Daumen wieder die

__________________________. Dann zeigt man zum

Schluss dem Publikum nochmals die Karte und den Becher.

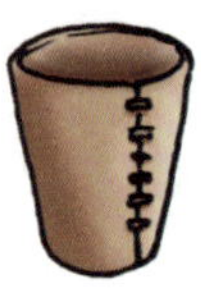

4 Wähle eine der folgenden Aufgaben zur sprachlichen Verbesserung des Textes:

- Viele Sätze im Text sind mit *dann* eingeleitet. Schlage für jedes *dann* ein passendes Synonym auf den Schreibzeilen vor. Der Thesaurus hilft dir dabei.
- Fällt dir noch eine weitere unschöne Wortwiederholung im Text auf? Finde diese, markiere sie und ersetze sie ebenfalls durch abwechslungsreichere Formulierungen auf der Schreibzeile daneben.
- Wie in vielen Vorgangsbeschreibungen ist auch hier die ausführende Person in den Sätzen nicht genannt, weil den Vorgang ja immer eine andere Person ausführen könnte. Die gewählte Satzkonstruktion wird aber nicht immer durchgehalten. Finde diese „Ausrutscher" und korrigiere sie auf den Schreibzeilen daneben.

5 Tareks Beschreibung enthält noch nicht die Erklärung, wie die Spielkarte präpariert wird. Formuliere diese Beschreibung und markiere im Text die Stelle, wo diese Beschreibung einzufügen ist.

Eine Vorgangsbeschreibung trainieren

Jakob erzählt seinem Freund Jan in einer Mail von dem Zirkusbesuch und schickt ihm als Anhang folgende Bilder zu einem Zaubertrick, den der Zauberer Rapunzius als zweiten Trick vorgeführt hat.

1 Jan möchte selbstverständlich wissen, wie der Trick funktioniert. Probiere den Trick selber aus und versuche ihn dann mithilfe der Bilder und Stichpunkte genau zu beschreiben. Ergänze dafür zunächst die Stichpunkte von Jakobs Schreibplan.

Benötigtes Material:
eine Schnur, ein Ring, ein größeres Tuch

Vorgehen:

(1) dem Publikum zeigen, dass Ring und Schnur nicht präpariert sind

(2) ____________________

____________________ (Bild A)

(3) „Zaubertuch" über Ring legen, beide Enden der Schnur schauen hervor und werden von einem Zuschauer gehalten – alles geht ohne Betrug vonstatten

(4) Zauberer lockert Knoten unter dem Tuch (Bild B)

(5) ____________________

____________________ (Bild C)

(6) Zuschauer zieht an beiden Enden des Seils; Tuch wird hochgehoben

(7) Große Überraschung: ____________________

____________________ (Bild D)

A

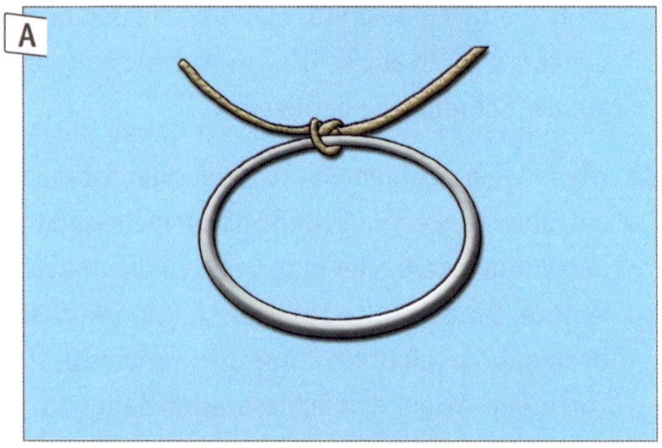

B

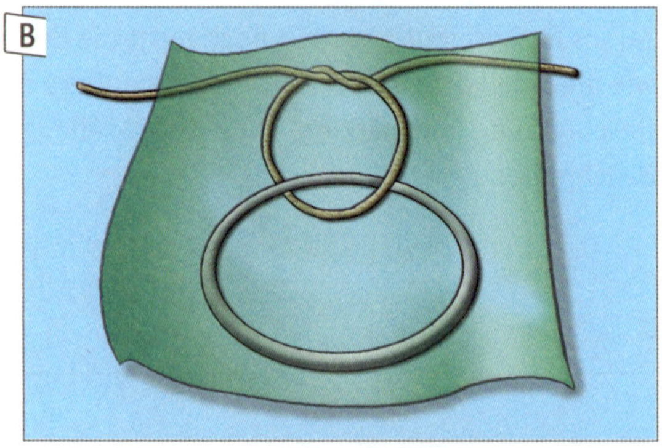

C

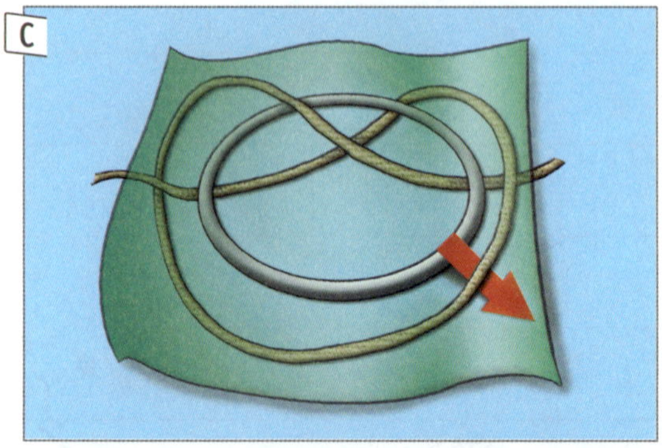

D

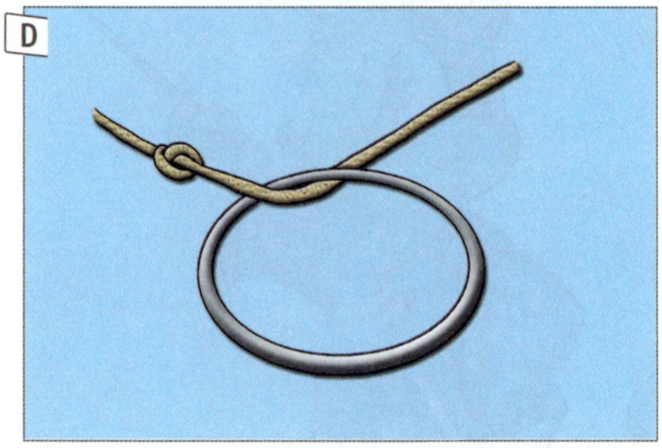

2 Wähle nun eine der folgenden Aufgaben. Arbeite in deinem Heft:

- Formuliere drei Schritte der Vorgangsbeschreibung aus.
- Formuliere die Einleitung und fünf Schritte der Vorgangsbeschreibung aus.
- Verfasse eine vollständige Vorgangsbeschreibung mit Einleitung und Schluss.

Eine Vorgangsbeschreibung überarbeiten

1 Lies die Beschreibung, die Jan an Jakob geschickt hat, durch und verbessere sie, indem du für jedes durchgestrichene *anschließend* ein passendes Synonym einfügst.

ACHTUNG FEHLER!

Lieber Jakob,

vielen dank für deine Mail. Ich kenne übrigens auch einen Seiltrick, denn ich dir jetzt beschreibe: Zunächst lässt du die Zauberschnur und den Ring von einem Zuschauer genau untersuchen. Niemand soll nähmlich glauben, das der Ring nicht ganz geschlossen ist. Anschließend wird der Ring mit der Schnur verknotet, wie du in der Abildung A sehen kannst. ~~Anschließend~~ ____________ gibst du die beiden enden der Schnur einem Zuschauer zu Halten. Es erscheint jedem unmöglich, den Ring aus der Verknottung, die man auf Bild B sieht, zu befreien. ~~Anschließend~~ ____________ dekst du das Tuch über den Ring und entfernst die Schnur, und zwar machst du das so, wie man das auf der Abbildung C sehen kann. ______________________________

____

____

Der Zuschauer läßt dabei die Schnur nicht los. ~~Anschließend~~ ____________ sprichst du den Zauberspruch „Eins, zwei, drei, Ring sei frei!", bietest den Zuschauer die Schnur wegzuziehen und hebst dabei das Tuch hoch: Der Ring ist befreit. Das musst du aber ein paarmal üben, bevor du den Trick vorführst.

Liebe Grüße
Jan

2 In der Beschreibung finden sich noch zahlreiche Rechtschreibfehler. Korrigiere diese rechts auf den Schreibzeilen.

3 An der unterringelten Stelle müsste Jans Beschreibung noch genauer sein. Hilf ihm, indem du auf den Leerzeilen erklärst, was der Zauberer bei Abbildung C (siehe Bild) tun muss.

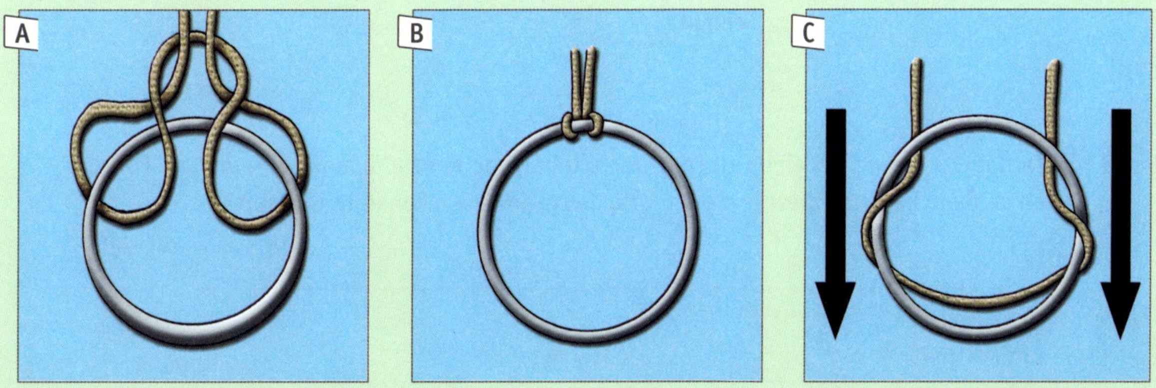

2.1 Wortbedeutungen erschließen und Wörter bilden

Hier findest du Informationen im Schülerbuch: *S. 178–193*

Diese Kompetenzen trainierst du: *Wörter bilden und in Wortfamilien und Wortfeldern zusammenfassen, Begriffe nach Ober- und Unterbegriffen sortieren, die Bedeutung von Wörtern erschließen, Wortbedeutungen selbstständig umschreiben, Wörter mit gleicher oder gegensätzlicher Bedeutung unterscheiden und voneinander abgrenzen*

Hier findest du Hilfestellungen im Arbeitsheft: *Nachschlagen S. 108 f.*

Teste deinen Lernstand

Wie gut kennst du dich mit Wortbedeutungen und Wortbildung aus?

1 Wie schätzt du dein Wissen über Wortbedeutungen und Wortbildung ein? Kreuze die für dich zutreffende Aussage an.

- ◯ Ich kenne mehr als drei Möglichkeiten, Wörter zu bilden, sie zu sortieren oder sie zu ersetzen.
- ◯ Ich kenne weniger als drei Möglichkeiten, Wörter zu bilden, sie zu sortieren oder sie zu ersetzen.
- ◯ Ich kenne keine Möglichkeiten, Wörter zu bilden, sie zu sortieren oder sie zu ersetzen.

2 In der nachfolgenden Tabelle gibt es bestimmte Zusammenhänge zwischen Wörtern aus Spalte 1 und Wörtern aus Spalte 2. Verbinde die zusammengehörigen Spalten mit einer Linie. Trage dann in die dritte Spalte ein Stichwort oder eine kurze Erläuterung ein, das/die den Zusammenhang erklärt.

schmutzig, verschmutzt, beschmutzen	laufen, schlendern, spazieren	
gehen	Sportarten	
Tennis, Hockey, Reiten	zugeben	
geben	Schmutz	

3 In der Tabelle kommt nur eine Form der Wortbildung vor. Kennst du noch eine weitere Form? Wenn ja, dann benenne diese und verdeutliche sie an einem konkreten Beispiel.

Durch Zusammensetzungen und Ableitungen neue Wörter bilden

1 Verbinde jeweils ein Bestimmungs- und ein Grundwort miteinander und bilde neue Wörter. Schreibe sie mit ihren Artikeln auf.
Tipp: Schlage auf Seite 108 nach, wenn du nicht mehr genau weißt, was das Grundwort und was das Bestimmungswort ist.

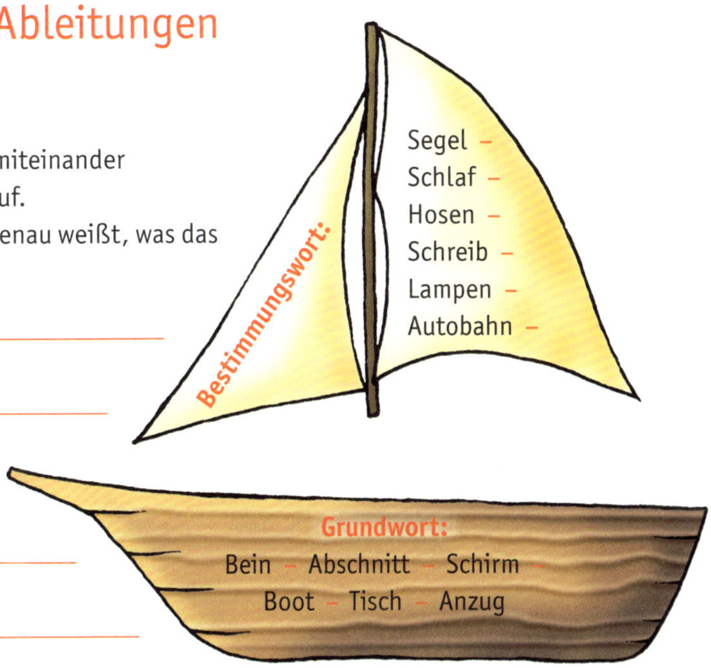

____

____

____

____

____

____

2 Bilde Ketten von Wortzusammensetzungen, wobei jeweils das Grundwort des vorangegangenen Wortes zum Bestimmungswort des folgenden Wortes wird.

Beispiel: *Hausbau – Bauwagen – Wagentür – Tür…*

Zootier – Tier ______________________________

____

Butterbrot – ______________________________

____

3 Es gibt Zusammensetzungen, bei denen das neu entstehende Wort nichts mit den Bedeutungen der einzelnen Grund- und Bestimmungswörter zu tun hat. Oft handelt es sich um eine übertragene Bedeutung. Bilde aus den Bestandteilen der rechten Tabelle Wörter und erkläre daneben, was die zusammengesetzten Wörter bedeuten.
Arbeite in deinem Heft. Wähle eine der drei Aufgaben:

- Notiere alle neu entstehenden Zusammensetzungen.
- Notiere alle neu entstehenden Zusammensetzungen und erkläre in einem Satz jeweils die Bedeutung.
- Finde selbst drei weitere Zusammensetzungen mit übertragener Bedeutung und erkläre sie.

Dick –	-finger
Hasen –	-fuß
Lang –	-kopf
~~Spatzen~~ –	~~-hirn~~

Tipp: Eine übertragene Bedeutung ist eine oft bildliche Wortbedeutung, die du nicht aus der Bedeutung der Einzelwörter erschließen kannst, sondern neu lernen musst.

4 Bilde mithilfe der Suffixe (→ Nachschlagen S. 108) weitere Nomen aus den folgenden Verben, Nomen und Adjektiven und trage sie mit ihrem Artikel in die richtige Spalte der Tabelle ein. Übertrage die Tabelle in dein Heft. Nimm dafür eine Seite im Querformat.
Tipp: Manchmal musst du Buchstaben einfügen und auf die richtige Schreibung achten! Manche Wörter kannst du mehrfach verwenden.

Freund	gefangen	sauber	finster
Mensch	dumm	eigen	Held
senden	Feind	zahlen	heiter
brauchen	krank	tapfer	stellen
eitel	verlegen	tarnen	gesund
schwierig	erleben	zeugen	
verwandt	wissen	gestehen	

-schaft	-nis	-heit	-keit	-ung	-tum
		die Dummheit			

5 Bilde mit den Bausteinen neue Verben. Schreibe sie in dein Heft.
Achtung: Bei manchen Verbindungen entstehen keine Verben, sondern Adjektive. Unterstreiche diese.

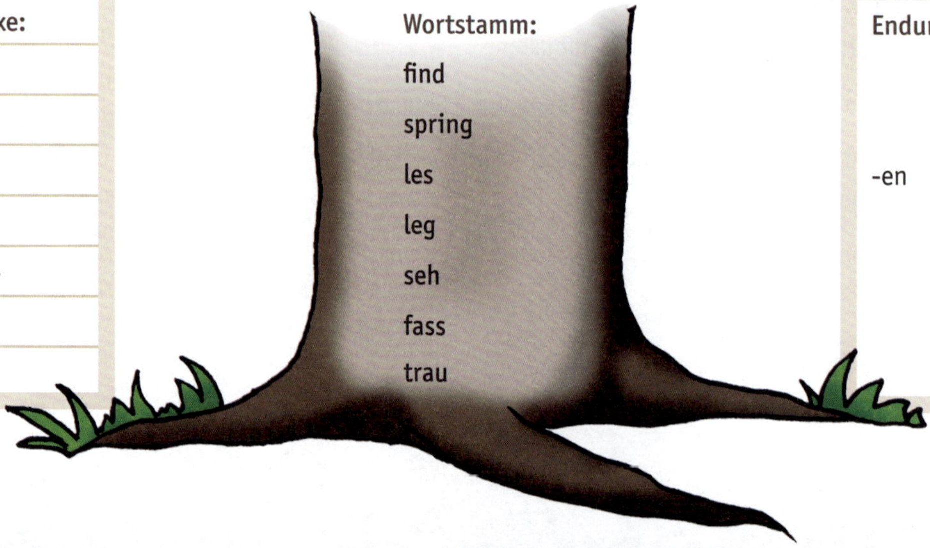

Präfixe:	Wortstamm:	Endung:
er-	find	
ver-	spring	
zer-	les	-en
ent-	leg	
miss-	seh	
be-	fass	
ge-	trau	

6 Schreibe zu ■ zwei / ■ vier / ■ sechs Verben aus Aufgabe 5 jeweils einen Satz in dein Heft. Wechsle in deinen Sätzen verschiedene Zeitformen ab.

Beispiel: *erlegen: Der Jäger hat einen Hasen erlegt.*

7 Löse das Kreuzworträtsel.

1. Jemand, der sich traut, einem Mitschüler zu helfen, der geärgert wird, hat … .
2. Mäuse fängt man am besten mit … .
3. Eine Person, der ich vertraue, ist ein … .
4. Wenn ich weinen muss, verspüre ich … .
5. Die Wolken werden immer dunkler, es gibt bestimmt gleich einen … .
6. Das Gefühl, das Schmetterlinge im Bauch bereitet, heißt … .
7. Wir wohnen in unseren eigenen vier Wänden, in einem … .
8. Den Ameisen sagt man nach, dass sie mit … arbeiten.

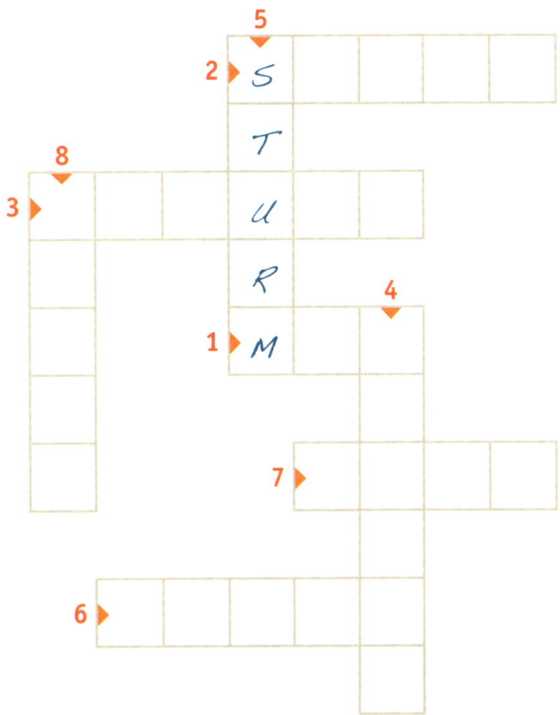

8 Wähle zu jedem Nomen aus Aufgabe 7 ein passendes Suffix (→ Nachschlagen S. 108) und füge die entstehenden Adjektive in die richtige Spalte ein.

-ig	-isch	-lich
	stürmisch	

9 Unterstreiche bei den Wörtern im Wortspeicher jeweils den Wortstamm.

Wortspeicher

verpackt – verliebt – Päckchen – besuchen – Liebe – einpacken – lieblos – Gesuch – versuchen – Beliebtheit – gepackt – absuchen – Packung – Sucherei – auspacken – Versuchung – lieblich – Gepäck

10 Ordne die Wörter aus Aufgabe 9 in drei Wortfamilien. Trage den Wortstamm in den Baumstamm ein und ergänze die anderen Wörter in den Baumkronen. Finde zu jeder Familie ein weiteres verwandtes Wort.

11 Paula sammelt für einen Aufsatz zum Thema *Traum* Wörter. Ergänze die Wörter und bestimme ihre Wortart. Schreibe dafür A (Adjektiv), V (Verb) oder N (Nomen) hinter das Kästchen.

Beispiel: *Traumberuf (N)*

____________en	____________erisch	____________haft
ge____________	____________paar	ver____________
Alb____________	____________wandler	____________fabrik
____________note	____________los / ____________los	

12 Wähle zwei / vier / sechs Wörter aus der Wortfamilie aus und schreibe eine „traumhafte“ Geschichte (→ S. 9) in dein Heft. In der Geschichte geht es um Paula, die eines Nachts etwas Unglaubliches träumt.

Wortfelder zusammenstellen und nutzen

1 Phil hat nach einem Zoobesuch die folgenden Sätze geschrieben. Einiges ist durcheinandergeraten. Korrigiere die Sätze in deinem Heft.

ACHTUNG FEHLER!

- Mit langsamen Schritten raste ein Kamel durch das Gehege.
- Der Gepard humpelte blitzschnell zu seinem Futter.
- Die Schildkröte huschte an den neugierigen Besuchern vorbei.
- Das Nilpferd trabte durch das Becken.
- Das Erdmännchen schlich in Windeseile über das Feld.

2 Ordne die nachfolgenden Begriffe verschiedenen Wortfeldern zu. Finde für jedes Wortfeld einen Oberbegriff. Umkreise dafür jeweils alle Wörter eines Wortfeldes mit derselben Farbe.

Wortspeicher

gucken – laufen – ansehen – erwidern – schauen – keifen – schreiten – horchen – vernehmen – wimmern – antworten – blinzeln – flüstern – flennen – jaulen – wettern – sprechen – beobachten – ausschimpfen – hinhören – stolzieren

3 Tareks Lehrerin gefällt sein Text, den er als Erlebniserzählung abgegeben hat, nicht besonders gut. Notiere in deinem Heft, was man verbessern könnte.
Tipp: Kriterien für eine gute Erzählung findest du auf → Seite 106.

ACHTUNG FEHLER!

Puffi ist weg

Ich ging mit Puffi spazieren und sagte zu meinem Freund: „Ich führe deinen Hund gerne aus." Mein Freund sagte: „Ich bin diese Aufgabe gerne einmal los!" Ich sagte: „Ich hätte gerne einen Hund, aber meine Eltern erlauben es nicht." Da sagte er: „Ein Leben ganz ohne Puffi kann ich mir auch nicht vorstellen." Der Hund ging friedlich neben uns und sagte kein Wort. Dann sagte mein Freund plötzlich: „Der Hund ist weg!" Ich drehte mich verwundert um, denn ich hatte die lange Leine noch in der Hand. Aber ich konnte kein Wort sagen: Puffi war wirklich weg! Ich konnte es nicht glauben und sagte: „Wie kann das sein?" Mein Freund sagte: „Er kann aus dem Halsband herausschlüpfen, wenn es nicht eng genug gestellt ist." Wir gingen den ganzen Weg zurück, um Puffi zu suchen. Wir sagten nichts, sondern konzentrierten uns auf die Suche. Als wir zu Hause ankamen, sagten wir der Mutter Bescheid. Sie zeigte auf das große Kissen im Wohnzimmer und sagte: „Puffi stand vor zehn Minuten schwanzwedelnd vor der Tür; ich habe mich schon gewundert, was er alleine draußen macht." Puffi war alleine nach Hause gegangen und hatte nichts zu uns gesagt!

4 Unterstreiche im Text aus Aufgabe 3 die Verben. Schreibe den Text mit dem PC ab und überprüfe mit der Thesaurusfunktion eines Rechtschreibprogramms, welche Synonyme für die Verben vorgeschlagen werden. Entscheide dich jeweils für ein passendes.
Tipp: Schlage im Schulbuch nach, wenn du nicht weißt, was der Thesaurus ist.

5 Betrachte die Bilder. Finde ■ einen / ■ zwei / ■ drei Oberbegriffe zu den abgebildeten Gegenständen und ordne die Gegenstände jeweils richtig zu. Arbeite in deinem Heft am besten mit einer Tabelle wie unter den Bildern zu sehen.

Oberbegriff	1.	2.	3.
Unterbegriffe	Apfel	Bohrmaschine	Golfball
	...	...	...

6 Welches Wort einer Reihe passt nicht zu den anderen? Streiche es durch. Finde einen Oberbegriff für die übrigen Wörter. Tausche dich mit einem Lernpartner über deine Ergebnisse aus.

- Hütte – Schule – Fenster – Wohnhaus – Scheune Oberbegriff: ____________
- Eisenstange – Zange – Holzbrett – Nägel – Säge ____________
- Reh – Hirsch – Feldhase – Hauskatze – Wildschwein ____________
- Schulheft – Zeitung – Online-Artikel – Buch – Zeitschrift ____________

In Texten Wortbedeutungen und Wortbildungen erkennen und anwenden

1 Lies den Text aufmerksam durch und kreuze an, welches Thema dieser Text hauptsächlich behandelt:

◯ australische Beuteltiere ◯ Eukalyptuswälder ◯ Koalas

Koalas gehören zu der Gruppe der (1) **(Zusammensetzung)** und leben deshalb ausschließlich auf dem Kontinent Australien. Koalas haben bräunlich-silbergraues, wolliges Fell und wiegen zwischen vier und 14 kg. Ihre Größe variiert ebenfalls zwischen 60 und 80 cm. In wärmeren Regionen Australiens leben generell eher die kleineren Arten, in kühleren Regionen sind die Tiere größer und haben dichteres Fell. Sie haben zwei mit spitzen Krallen versehene Greifhände mit zwei Daumen und drei Fingern.

Außerdem sind ihre vorstehende, dunkle Nase und die großen Ohren ihr charakteristisches Erkennungsmerkmal. Koalas können sich nur in Lebensräumen verbreiten, die bestimmte Bedingungen erfüllen. Am liebsten halten sie sich in Eukalyptusbäumen auf, da ihre Blätter und die Rinde auch ihre einzige (2) **(Zusammensetzung)** sind. Von einigen Eukalyptusarten frisst der Koala ebenfalls gerne die Früchte. Außerdem benötigt er eine Region mit ausreichend Niederschlag. Ein weiteres Kriterium ist, dass andere Koalas in der Nähe leben müssen. Deshalb ist es auch sehr schwierig bis kaum möglich, Koalas in (3) **(Ableitung)** zu halten. Von den 500 bekannten Arten an Eukalyptusbäumen kommen für die Koalas nur circa 70 Sorten zur Nahrungsaufnahme in Frage. Denn der Eukalyptus enthält Giftstoffe, die in gewissen Mengen den Koalas nicht schaden, aber größere Mengen können für sie ebenfalls giftig sein. Deshalb (4) **(Ableitung)** der Koala erst (5) **(Ableitung)** einzelne Blätter und frisst lieber älteres Blattwerk, in dem die Giftkonzentration nicht mehr so hoch ist.

Koalas sind perfekt an das Leben in Bäumen angepasst. Dort verbringen sie schließlich den Großteil ihres Lebens. Sie sind ausgezeichnete Kletterer mit schlanken, muskulösen Körpern, die im Verhältnis zu den Gliedmaßen eher kurz und gedrungen sind. Ihre Hände, Füße und Krallen eignen sich zum Packen von Zweigen, zum Festhalten im Geäst und zum Balancieren. Bei Gefahr versuchen Koalas instinktiv, in den Zweigen eines Baumes Schutz zu suchen. In menschlichen Siedlungen erklettern sie Wände, Zäune, Lichtmasten und Straßenschilder.

2 Fülle die nummerierten Lücken mit Wörtern passend zu den Fachbegriffen in Klammern aus. Schreibe die fünf gesuchten Wörter in dein Heft.
Tipp: Aus den Bausteinen im Speicher kannst du die gesuchten Wörter bilden.

Speicher

über – Beutel – gefangen – Sorgfalt – prüfen – Tiere – Nahrung – -ig – Quelle – -schaft

3 „Der Koala frisst lieber älteres Blattwerk." Wie könnte man das unterstrichene Verb ersetzen? Erstelle in deinem Heft zum Wort *fressen* ein Wortfeld aus passenden Synonymen.

4 Erkläre in deinem Heft, welche Beziehung zwischen den sechs im Text markierten Wörtern besteht.

2.2 Wortarten benennen und verwenden

Hier findest du Informationen im Schülerbuch: *S. 194–213*

Diese Kompetenzen trainierst du: *Wortarten erkennen und unterscheiden, verschiedene Wortarten richtig benennen und zuordnen, Wortarten richtig verwenden*

Hier findest du Hilfestellungen im Arbeitsheft: *Nachschlagen S. 108 f.*

Wie gut kennst du dich mit Wortarten aus?

Teste deinen Lernstand

1 Über welche Wortart weißt du am meisten? Trage die Wortart nachfolgend ein und formuliere mindestens einen Merksatz zu dieser.

Wortart: ____________________

Das muss man über diese Wortart wissen:

____

____

2 Bei welcher Wortart bist du eher unsicher? Trage die Wortart nachfolgend ein und formuliere in einem Satz, was dir im Umgang mit dieser Wortart noch Schwierigkeiten bereitet.

Wortart: ____________________

Das fällt mir bei dieser Wortart noch schwer:

____

____

3 Manche Wortarten helfen dir, Texte anschaulicher und abwechslungsreicher zu gestalten. Veranschauliche an einem Beispiel, wie das geht.

____

____

____

Nomen und Artikel im Satz verwenden

1 Lies im Text nach, wen das Chamäleon Charly im Dschungel trifft. Unterstreiche dabei alle Nomen.

Charly hat heute gute Laune und möchte seinen Ast verlassen, auf dem er den ganzen Morgen gemütlich in der Sonne döste. Die Wolken stehen schon am Himmel, aber es dauert noch eine Weile, bis es regnen wird. Auf dem Weg nach unten kommt er an seinen Nachbarn, den fleißigen Ameisen, vorbei. Sie sind viel zu beschäftigt, um von ihm Notiz zu nehmen. Der große Hirschkäfer läuft ebenfalls vorbei, er hat eine Raupe entdeckt, die er zum Frühstück verspeisen möchte. Charly hält kurz inne, seine Farbe ändert sich, denn am Baum wächst Moos und er ist immer auf seine Tarnung bedacht. Das ist auch gut so, denn so nimmt ihn die giftige Schlange nicht wahr, die sich neben ihm entlangschlängelt.

2 Übertrage die Tabelle in dein Heft und ergänze die Nomen aus Aufgabe 1 mit dem bestimmten Artikel. Bilden dann die jeweilige Pluralform und bestimmte das Genus des Nomens.

Singular	Plural	Genus
die Laune	*die Launen*	*feminin/weiblich*

3 Ergänze den Wissenskasten. Bilde anschließend in deinem Heft vier Sätze, in denen das Nomen *Chamäleon* in jeweils einem der vier Kasus (Fälle) vorkommt.

Das musst du wissen

Nomen nehmen im Satz unterschiedliche Positionen ein: Das Nomen steht in einem der

______ Kasus (Fälle). Wenn man ein Nomen in jeden Kasus setzt, nennt man das ________________.

__________:	*Das Chamäleon lebt im Dschungel.*	Wer/was lebt im Dschungel?
Genitiv:	*Die Hautfarbe des Chamäleons ist unterschiedlich.*	__________ Hautfarbe ist unterschiedlich?
Dativ:	________ *Chamäleon geht es in der Wärme gut.*	Wem geht es in der Wärme gut?
__________:	*Die Ameisen treffen das Chamäleon.*	Wen/was treffen die Ameisen?

4 Setze in dem Lückentext jeweils den bestimmten Artikel in einer passenden Form ein.

Den Baumstamm klettert Charly gerne hinauf, weil er sich dort sicher fühlt. ________ Baum ist riesig groß, er steht schon über hundert Jahre hier. ________ Chamäleon weiß nichts von ________ Alter ________ Baums, aber er ist sein Zuhause. In ________ Astgabel hoch oben hat es seinen Schlafplatz. ________ Hautfarbe ________ Chamäleons schimmert je nach Untergrund in schillernden Regenbogenfarben. ________ Vorteil daran ist, dass ________ Chamäleon dadurch für seine Feinde kaum zu sehen ist. ________ Schutzmaßnahme ist für Charly überlebenswichtig. Durch ________ gute Tarnung ist er vor sämtlichen Fressfeinden geschützt. ________ Sonne am Morgen wärmt Charlys Rücken. Er kann ________ Wärme speichern und ist dann fit und munter.

5 In welchem Kasus (Fall) stehen die fett gedruckten Nomen? Schreibe den richtigen Kasus mit seiner Frage in die Lücke. Unterstreiche dann alle Artikel.

Das Chamäleon Wer/was? Nominativ hat allmählich Hunger. **Heuschrecken** ____________________ mag es am liebsten. Um diese zu finden, muss **Charly** ____________________ nur ein Feld oder Blüten aufsuchen, dort halten sich **die Heuschrecken** ____________________ nämlich gerne auf. Heute geht es **Charly** ____________________ besonders gut. In dem Strauch sitzen hunderte **Heuschrecken** ____________________. Sie futtern an den Blättern und bemerken **Charly** ____________________ nicht. Blitzschnell lässt Charly **die** klebrige **Zunge** ____________________ hervorschnellen. Doch **das Futterparadies** ____________________ hat sich schnell herumgesprochen. Auch **die Vögel** ____________________ kommen angeflogen, um an dem Festmahl teilzunehmen. Charly hat es dennoch geschafft, sich an **den Insekten** ____________________ satt zu essen. Glücklich und zufrieden verlässt **das Chamäleon** ____________________ **den Strauch** ____________________.

6 Wähle ■ Text A / ■ Text A und B oder / ■ Text A, B und C aus, und setze jeweils in die Lücken den bestimmten oder den unbestimmten Artikel ein.

A Paula wünscht sich zum Geburtstag ____________ Haustier. Mit ____________ Haustier möchte sie spielen. Am liebsten hätte sie ____________ Chamäleon. ____________ Chamäleon würde sie Charly nennen.

B Tarek wünscht sich ____________ neues Fahrrad. Mit ____________ Fahrrad möchte er in den Sommerferien gerne eine Radtour machen. Für ____________ Radtour hätte er außerdem gerne auch noch ____________ große Satteltasche. In ____________ Satteltasche könnte er alles packen, was er für ____________ Picknick benötigt.

C Tarek und Jakob wollen am Nachmittag Fußball spielen. Jakob hat ____________ neuen Fußball zum Geburtstag bekommen. ____________ Fußball sieht aus wie der der Nationalmannschaft. Die beiden Jungen suchen sich ____________ freien Platz zum Spielen. ____________ Platz neben dem Schulhof ist zum Spielen ideal. Sie brauchen auch noch ____________ Tor. Die beiden Pfosten vom Schultor bilden ____________ Tor. Fast eine Stunde haben ____________ beiden gespielt. ____________ Stunde war richtig toll.

7 Schau dir die Sätze aus Aufgabe 6 genau an und vervollständige dann die Regel zum Gebrauch des bestimmten und des unbestimmten Artikels.

Das musst du wissen

Wenn ein Nomen in einem Text zum ersten Mal genannt ist, wird es in der Regel mit dem ________________________ Artikel verbunden. Wenn es „eingeführt“, also bekannt ist, wird es mit dem ________________________ Artikel verbunden.

Konkreta und Abstrakta zählen

1 Der Text enthält viele Zahlwörter (→ S. 109). Übertrage die Tabelle in dein Heft und ordne die Numeralien in die jeweils richtige Spalte ein.

Am <u>ersten</u> Tag nach den Ferien treffen sich Tarek und seine fünf Freunde nach der Schule auf dem Schulhof und erzählen sich ihre schönsten Ferienerlebnisse. Jakob war in der zweiten Woche mit seinen zwei Tanten im Zoo. Dort haben ihn besonders die vielen Jungtiere beeindruckt: Er hat ein Eisbärjunges gesehen, drei kleine Löwenbabys und zwei Waschbärjungen. Die haben bei den anderen zahlreichen jungen Besuchern viel Begeisterung ausgelöst. Wenig zu erzählen hat leider Paula. Weil sie drei Wochen mit Masern im Bett lag, hat sie in den Ferien wenig erlebt. Ihre vier guten Freunde versprechen aber, am Schuljahresbeginn viel mit ihr zu unternehmen, um sie über die entgangenen Ferienerlebnisse hinwegzutrösten.

Kardinalzahlen	Ordinalzahlen	Unbestimmte Zahlwörter
	ersten	

2 Jakob hat immer Probleme, Konkreta und Abstrakta zu unterscheiden. Deshalb hilft ihm der Tipp von Paulas Mutter. Sortiere die folgenden Nomen mithilfe dieses Satzes in die beiden Boxen.

„Abstrakta kannst du nicht mit Kardinalzahlen zählen."

Wortspeicher

Hilfe – Buch – Tomate – Furcht – Telefon – Schrank – Aufregung – Stress – Tier – Baum – Flasche – Dosenöffner – Blatt – Hunger – Wolke – Sturm – Tasche – Dieb – Herrscher

Konkreta	Abstrakta

3 Leider gibt es auch konkrete Nomen, die man nicht so einfach mit ein (-s), zwei , drei ... zählen kann. Man braucht bei diesen Nomen – wie bei den Abstrakta – immer andere Wörter, um eine bestimmte Menge davon benennen zu können.

Beispiel: *drei Stück Butter* (und nicht: *drei Butter*) oder *ein Glas Wein* oder *zwei Knäuel Wolle*

Unterstreiche zwei / drei / vier Konkreta im Wortspeicher, die du auf diese Weise zählen musst, und bilde in deinem Heft jeweils einen Satz, in dem du das konkrete Nomen mit einer Mengenangabe benutzt.

Wortspeicher

Holz – Papier – Treue – Not – Wasser – Schere – Blech – Mensch – Leinen (Stoffart) – Zucker

Pronomen zur abwechslungsreichen Gestaltung von Texten nutzen

1 Lies den folgenden Tipp.

„Ein Nomen kann man durch einen Stellvertreter, das Pronomen, ersetzen. Personalpronomen ersetzen eine ‚Person' und Possessivpronomen zeigen an, ‚wem etwas gehört'".

2 Enya findet Chamäleons besonders interessant. Für ein Referat in der Schule schreibt sie einen Informationstext über ihre Lieblingstiere und deren Lebensraum. Der Lehrer hat an einigen Stellen Wiederholungen im Text gefunden, mit denen er sprachlich nicht zufrieden ist. Lies den Text und markiere mit einem roten Stift ■ drei / ■ fünf / ■ sieben unschöne Wiederholungen und mache Verbesserungsvorschläge.

Das Chamäleon ist ein Einzelgänger. Das Chamäleon gehört zu der Klasse der Reptilien. Das Chamäleon hat circa 200 Unterarten. Der Lebensraum des Chamäleons ist gefährdet. Die Chamäleons fallen unter das Artenschutz-Abkommen[1]. Die Haltung von Chamäleons ist deshalb meldepflichtig. Das Chamäleon ist auf dem gesamten afrikanischen Kontinent, auf der arabischen Halbinsel und auch im Mittelmeerraum verbreitet. Hauptsächlich bewohnen Chamäleons bewaldete Gebiete. Der Lebensraum der Chamäleons muss außerdem warm sein. Trockenheit und Luftfeuchtigkeit spielen für Chamäleons eher eine untergeordnete Rolle.

W! Es

[1] **Artenschutz-Abkommen:** Abkommen zum Schutz gefährdeter Tiere vor illegalem Handel

Inhalte mit Adjektiven und Adverbien veranschaulichen

1 Unterstreiche beim Lesen alle Adjektive und die Nomen (→ Nachschlagen **S. 108**), auf die sie sich beziehen, mit zwei verschiedenen Farben.

ELEFANTEN

Die Elefanten gehören zu den Herdentieren. Eine Herde kann aus circa 20 bis 30 Tieren bestehen. Meist führt ein älteres, erfahrenes Weibchen die Herde an. Die Leitkuh hat ein gutes Gedächtnis und lange Erfahrung, sodass sie die anderen Tiere zu üppigen Futterplätzen und ausreichenden Wasserstellen führen kann. Elefanten sind sehr soziale Lebewesen. Die älteren Elefanten beschützen die Jungtiere vor gefährlichen Fressfeinden, sodass diese geborgen im Rudel aufwachsen können. Aber auch verletzte, alte oder trächtige Tiere werden von der Herde beschützt. Elefanten haben in der freien Natur keine natürlichen Feinde, nur die Menschen können ihnen gefährlich werden. Durch das hervorragende Erinnerungsvermögen können sich Elefanten auch Jahrzehnte später noch frühere Vorfälle ins Gedächtnis rufen.

2 Ergänze die Tabelle, indem du Adjektive und Nomen in den jeweiligen Kasus (Fall) setzt. Was fällt dir bei den Pluralformen auf? Arbeite in deinem Heft, wenn du mehr Platz brauchst. Notiere deine Beobachtungen stichpunktartig in deinem Heft.

Singular	Nominativ	der gefährliche Tiger	die ______	das ______
	Genitiv	des ______	der ______	des ______
	Dativ	dem ______	der edlen Katze	dem ______
	Akkusativ	den ______	die ______	das schnelle Pferd
Plural	Nominativ	______	______	______
	Genitiv	______	______	______
	Dativ	______	______	______
	Akkusativ	______	______	______

3 Ergänze den Lückentext mit der passenden Endung für die Adjektive.

Die **Perserkatze** gehört zu den bekanntest_____ und beliebtest_____ Rassekatzen weltweit. Sie ist eine mittelgroß_____, stämmig_____ Katze mit kurz_____, kräftig_____ Beinen und einer breit_____ Brust- und Schulterpartie. Der Kopf ist rund, mit voll_____ Wangen und ausgeprägt_____ Kinn. Die extrem kurz_____ Nase der Perserkatze ist ihr Markenzeichen. Sie wird als rein_____ Wohnungskatze gehalten, da ihr Fell sehr pflegebedürftig ist. Täglich_____ Kämmen ist Pflicht, um ein Verfilzen des weich_____ Felles zu vermeiden, das ca. 10 cm lang ist und eine seidig_____, weich_____ Unterwolle hat. Sie stammt, wie ihr Name vermuten lässt, aus Persien (dem heutig___ Iran) und gehört zu den sehr alt_____ Katzenrassen.

4 Die meisten Adjektive lassen sich steigern, um Eigenschaften vergleichbar zu machen: Steigere die folgenden Adjektive und ergänze das Nomen. Übertrage dafür die Tabelle in dein Heft und nimm die Seite quer. So hast du mehr Platz für jede Spalte.

Beispiel: *das schnelle Pferd* *das schnellere Pferd* *das schnellste Pferd*

Positiv (Grundstufe)	Komparativ (Vergleichsstufe)	Superlativ (Höchststufe)
die günstigen Preise	______________	______________
______________	die höhere Stufe	______________
das laute Gebrüll	______________	______________
______________	______________	die größten Häuser

5 Welche Adjektive kann man nicht steigern? Umkreise sie. Tausche dich mit einem Lernpartner über deine Ergebnisse aus.

Wortspeicher

gut nah tot stark rund leise lebendig neu einsam quadratisch

6 Unterscheide zwischen Adjektiven und Adverbien (→ Nachschlagen S. 108) im Wortspeicher. Unterstreiche zwei / drei / vier weitere Adjektive blau und zwei / drei / vier weitere Adverbien rot.

Wortspeicher

nachher – warm – deswegen – heutzutage – immerzu – heftig – kaum – sauber – frisch – außergewöhnlich – nie – alt – hinauf – dort – links – süß – kalt – schmutzig – nirgends – salzig – gern

7 Ordne nun die **Adjektive** aus Aufgabe 6 dem Nomen *Aquarium* zu. Welche Adjektive passen zu *Aquarium*? Notiere auch die Steigerungsformen.

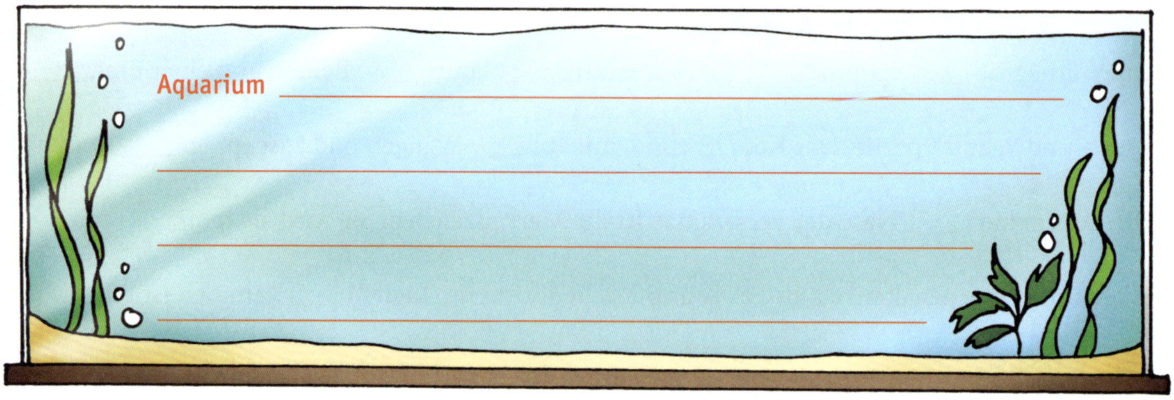

8 Ergänze in der ersten Tabellenzeile die jeweilige Bedeutung der Spalte und sortiere die Adverbien aus Aufgabe 6 in die Tabelle ein. Übertrage die Tabelle dafür in dein Heft.

Zeit/temporal			
Wann? Wie lange? Seit wann? Bis wann?	Wo? Woher? Wohin?	Wie? Wie sehr?	Warum? Weshalb?

9 Nur wenige Adverbien kann man steigern *(gern)*. Andere Adverbien können durch die Vergleichsformen *mehr* oder *weiter* verstärkt werden. Setze in folgende Sätze die Adverbien in einer der Steigerungsformen in die Lücken ein. Bilde anschließend zwei eigene Sätze, in denen du das Adverb *bald* im Komparativ und im Superlativ anwendest.

Beispiel: ***gern*** *– lieber – am liebsten*
Phil spielt ***gerne*** *mit dem Computer, aber* ***lieber*** *spielt er Fußball.* ***Am liebsten*** *spielten er jedoch mit Armin.*

- Enya tanzt **oft** beim Abtrocknen mit, aber noch ______________ tanzt sie beim Radiohören.
- Nach dem Baden fühlt Tarek sich **wohl**, noch ______________ fühlt er sich aber nach dem Fußballspielen.
- Im Zoo konnte Paula die Fütterung der Seelöwen gut sehen, denn sie stand ganz **vorne**. Nur Phil stand noch ______________.

bald: ______________________________________

____

____

____

Verben als zentrale Satzaussage erkennen und verwenden

1 Unterstreiche im nachfolgenden Text die Verben (→ Nachschlagen S. 108).

Phil übt das Diktat für die Schule, damit er die schwierigen Wörter, wie zum Beispiel *Chamäleon,* lernt. Vorher trinkt er aber einen großen Schluck Saft.

2 Betrachte die Bilder und schreibe jeweils einen passenden Satz zu Charlys Tätigkeit.

1

2

3

4

3 Markiere in Enyas Informationstext über Chamäleons alle Verben im Präsens. Bestimme den Infinitiv (die Grundform) der Verben und schreibe diesen in die Randspalte.

Der Körper des Chamäleons passt sich dem Leben in den Bäumen perfekt an. Es ahmt Blätter nach und verharrt stundenlang in einer bestimmten Haltung. Oft ist es unmöglich, es zu entdecken, weil es die Farbe seiner Umgebung annimmt. Das verschafft ihm Vorteile beim Jagen und bietet ihm gleichzeitig Schutz vor Fressfeinden. Meistens spielt jedoch der Farbwechsel in der Paarungszeit eine große Rolle. Die Männchen und Weibchen zeigen mit ihrem Farbenspiel, dass sie paarungsbereit sind. Am schnellsten ändert sich die Farbe in Kampfsituationen mit anderen Artgenossen. Mit seinen zangenähnlichen Füßen läuft ein Chamäleon sicher über dünne Äste. Außerdem verfügt das Chamäleon über eine Schleuderzunge. Diese kann so lange wie das Chamäleon selbst sein. Mit der Zunge trinkt das Chamäleon auch. Dazu leckt es das Wasser von Blättern ab.

4 Notiere in deinem Heft die Präteritumsform bei folgenden Verben:

Beispiel: *Sie passen sich an. – Auch die Chamäleons im Zoo, die Phil gesehen hat, passten sich an.*

- Sie schlafen auf Bäumen.
- Das Chamäleon jagt Insekten.
- Es hat eine schnelle Zunge.
- Die Chamäleons ändern die Farbe.
- Sie laufen geschickt über dünne Äste.
- Es leckt das Wasser von den Blättern.

5 Phil will mit seiner Klasse in den Reptilienzoo gehen. Darauf freut er sich schon die ganze Woche. Hier siehst du, was nacheinander geschieht, bevor er sich auf den Weg zur Schule macht. Schreibe in dein Heft jeweils einen Nebensatz, der mit *nachdem* beginnt und einen Hauptsatz. Verwende Perfekt und Präsens.

Beispiel: *Nachdem der Wecker geklingelt hat, steht Phil auf.*

Nachdem er aufgestanden ...

Wecker klingeln

aufstehen

sich die Zähne putzen

duschen

frühstücken

zur Schule gehen

6 Phil hat manchmal das Gefühl, dass das Leben nur aus Pflichten besteht, da ihn seine Mutter häufig ermahnt, folgende Dinge zu tun. Formuliere alle Sätze als Aufforderungen der Mutter.

Beispiel: *Iss immer etwas zum Frühstück!*

Wortspeicher

~~immer etwas zum Frühstück essen~~ – nicht den Bus verpassen – der Lehrerin gut zuhören – die Schulaufgabentexte genau lesen – immer auf den Verkehr acht geben – der Mutter bei der Hausarbeit helfen – Rücksicht auf andere nehmen – die Zähne gründlich putzen

7 Phil erzählt seinem Vater, was er im Zoo erlebt hat. Unterstreiche in dem Text die Verbformen samt den zugehörigen Hilfsverben *(haben, werden)* und notiere sie an der jeweils passenden Stelle auf dem Zeitstrahl. Übertrage diesen dazu in dein Heft.

„Gestern waren wir im Reptilienzoo. Das war super! Es gibt dort jetzt schon fünfzehn von diesen putzigen Chamäleons. Die ersten beiden Reptilien haben Zoobesucher vor drei Jahren dem Zoo gespendet, weil sie die Tiere so interessant fanden. Nachdem die Spender sechs Jahre vorher eine Reise nach New York gemacht hatten und im Zoo dort gesehen hatten, wie interessant diese Tiere und ihre Eigenschaften für Kinder sind, beschlossen sie, unserem Zoo welche mitzubringen. Hier gab es damals keine Reptilien. Vieles, was ich über die Reptilien weiß, habe ich im letzten Monat im Biologieunterricht gelernt. Chamäleons werden sicher auch in zehn Jahren meine Lieblingstiere sein. Dann werden noch viele weitere Chamäleons das Licht der Zoowelt erblickt haben."

Vergangenheit | **Gegenwart** | **Zukunft**

8 Übertrage die Tabelle in dein Heft. Schreibe ■ sechs von elf / ■ acht von elf / ■ alle elf Verbformen aus dem Text an die richtige Stelle in die Tabelle. Ergänze das Verb *laufen* in allen Zeitformen in der Tabelle. Benutze jeweils ein Personalpronomen: *ich …, du …, er* oder *sie …*

Grundform	Plusquamperfekt	Präteritum	Perfekt	Präsens	Futur I	Futur II
laufen	*ich war gelaufen*					

9 Trage jeweils die richtige Verbform in den Text über Schlangen ein.

Schlangen (die Wissenschaftler nennen sie Serpentes) ________________ (sein) Reptilien. Das ________________ (erkennen) man daran, dass sie Schuppen ________________ (haben) und wechselwarm ________________ (sein). Schon in der Antike ________________ (gelten) Schlangen als Zauberwesen, da sie Macht über Leben und Tod der Menschen ________________ (besitzen). Nachdem ein Pharao ________________ (sterben), ________________ man Schlangensprüche in der Grabkammer zum Schutz des Verstorbenen ________________ (anbringen). In vielen Ländern ________________ (werden) sie auch heute noch als Gottheiten verehrt. In der christlichen Kultur ________________ (betrachten) man Schlangen als hinterlistig und falsch. In der Regel ________________ (meiden) Schlangen den Menschen. Sie ________________ (wehren) sich, wenn man sie ________________ (stören) oder ________________ (belästigen). Schlangen ________________ (töten) nur, wenn sie Futter brauchen.

Präpositionen, Konjunktionen und Subjunktionen gebrauchen und beschreiben

1 Wo versteckt sich Charly? Betrachte die Bilder genau und bestimme die Position, die Charly bei seinem Lieblingsast einnimmt. Schreibe jeweils einen vollständigen Satz zu jedem Bild in dein Heft. Unterstreiche dann die jeweilige Präposition (→ Nachschlagen S. 108) in deinem Satz.

Beispiel: *Charly liegt auf dem Ast.* (2)

2 Phil möchte mit Paula Charly im Zoo besuchen, doch er muss noch so viel vorher erledigen. Markiere im Wortspeicher die Präpositionen, die ein zeitliches Verhältnis ausdrücken. Ergänze dann die Sätze, indem du jeweils die richtige Präposition aus dem Wortspeicher einfügst.

1. ____________ der Nacht hat es einen heftigen Sturm gegeben.
2. ____________ zum Morgengrauen hat Phil kein Auge zugetan.
3. ____________ Sonnenaufgang sind ihm endlich die Augen zugefallen.
4. ____________ dem Besuch muss Phil trotzdem noch aufräumen.
5. ____________ des Aufräumens denkt Phil an Charly.
6. ____________ einer halben Stunde ist er endlich fertig!!

Wortspeicher
durch – in – neben – unter – vor – hinter – während – ohne – vor – bis – aus – nach – auf – mit

3 Charly hat heute schlechte Laune: Warum ist das wohl so? Unterstreiche die Präpositionen im Text. Markiere diejenigen rot, mit denen man eine Begründung angeben kann.

Charly sitzt miesepetrig und unglücklich auf einem Ast. Trotz des schönen Wetters hat er heute schlechte Laune. Er ist hungrig und ohne Futter läuft gar nichts. Mit dem Fangen von Heuschrecken klappt es nicht. Aufgrund seines Hungers knurrt sein Magen erbärmlich. Wegen seiner schlechten Laune ist Charly heute nur dunkelgrün und braun.

4 Verbinde die folgenden Hauptsätze so miteinander, dass sinnvolle Sätze entstehen. Verwende eine der drei Konjunktionen (→ Nachschlagen S. 108) *und/oder/aber*. Verändere die Groß- und Kleinschreibung sowie die Satzzeichen entsprechend.

Phil geht heute früh ins Bett.
Wir packen unsere Koffer.
Ich kann etwas kochen.
Er nimmt seinen Mantel von der Garderobe.
Sie macht ihre Hausaufgaben sofort.

Er verlässt die Wohnung.
Wir können auch essen gehen.
Sie darf sich nicht mit dir verabreden.
Wir verlassen das Hotel.
Phil ist noch nicht müde.

5 Charly war ins Wasser gefallen, weil er nicht bemerkt hatte, dass sein Ast immer dünner geworden war. Zum Glück konnte er sich an einem Ast festhalten. Aber wie kam er wieder heraus? Wie konnte man ihm helfen? Bilde ■ zwei / ■ drei / ■ fünf weitere aus Haupt- und Nebensatz zusammengesetzte Sätze, die verdeutlichen, wie man ihm helfen konnte. Verwende dabei je eine der Subjunktionen und ein „Hilfsgerät" aus dem Speicher.

Beispiel: *Nachdem man ihm ein langes Seil zugeworfen hatte, konnte er sich ans Ufer retten.*

Wortspeicher

damit – obwohl – indem – weil – ~~nachdem~~ – sodass

~~ein langes Seil~~ – einen Rettungsring – ein Schlauchboot – keine fremde Hilfe – nicht ausreichend eigene Kraft – an dem dicken Ast

6 Verbinde immer zwei der folgenden Sätze mithilfe der nebenstehenden Subjunktionen so, dass sinnvolle Sätze entstehen. Schreibe sie in dein Heft.

Die Pizza schmeckt besser.
Ich habe Hunger.
Ich schaffe eine 2 in Mathe.
Sie lernt sehr viel.
Du musst Salz nehmen.
Mir knurrt der Magen.
Sie schreibt schlechte Noten.
Ich strenge mich an.

wenn – weil – damit – obwohl

In einer Geschichte die Wortarten passend und abwechslungsreich anwenden

Betrachte die Bilder genau und bearbeite dann die Aufgaben.

1 Schreibe vier Nomen mit bestimmten und unbestimmten Artikeln auf, die zu der Geschichte passen. Setze Nomen und Artikel auch in den Plural.

2 Schreibe vier Verben im Infinitiv auf, die zu den Bildern passen. Wähle anschließend eine Personalform dazu aus und setze die Personalformen ins Präteritum.

3 Notiere zu den Bildern passende Adjektive und schreibe jeweils das Gegenteil (Antonym) auf.

4 Was ist auf den Bildern auf Seite 62 zu sehen? Notiere deine Ideen zu jedem Bild, die du für das Schreiben einer Geschichte benutzen kannst. Denke dabei an die verschiedenen Wortarten und deren Funktion.

Bild 1:

Bild 2:

Bild 3:

Bild 4:

5 Schreibe eine Geschichte in dein Heft. Du kannst dazu auch die Wörter aus dem Wortspeicher verwenden. Damit du siehst, wie die Wortarten zu einer abwechslungsreichen Geschichte beitragen, unterstreichst du in deiner Geschichte alle Präpositionen grün, alle Pronomen blau, alle Konjunktionen rot und alle Subjunktionen orange. Es müssste ein ziemlich buntes Bild ergeben.

Wortspeicher

Sonntagmorgen – sie – seine – vor – nach – mit – gehen – drohen – ermahnen – oft – nicht – und – aber – böse – jetzt – schnell – hat sich umgedreht – obwohl – Zunge – verboten hatte – immer – hast du davon

2.3 Sätze untersuchen und Satzglieder bestimmen

Hier findest du Informationen im Schülerbuch: *S. 214–227*

Diese Kompetenzen trainierst du: *verschiedene Satzarten kennen und unterscheiden, Haupt- und Nebensätze unterscheiden, die einzelnen Satzglieder bestimmen und ihre Funktion benennen; Umstellprobe und Ersatzprobe anwenden*

Hier findest du Hilfestellungen im Arbeitsheft: *Nachschlagen S. 109*

Was weißt du über Satzglieder?

Teste deinen Lernstand

1 Bei der Ermittlung von Satzgliedern kannst du auf sogenannte „Proben" zurückgreifen. Wie viele kennst du? Kreuze das für dich Zutreffende an und ergänze gegebenenfalls.

- ◯ Ich kenne alle Proben, nämlich ______________________________ .
- ◯ Ich kenne zwei verschiedene Proben, nämlich ______________________________ .
- ◯ Ich kenne eine Probe, nämlich ______________________________ .
- ◯ Ich kenne keine Probe. Hier kann ich mir die Proben im Arbeitsheft und im Schülerbuch nochmals genau ansehen: ______________________________

2 Zeige in deinem Heft, sofern du bei Aufgabe 1 nicht den letzten Punkt angekreuzt hast, an einer Probe, wie diese durchgeführt wird.

3 Wähle aus dem nachfolgenden Speicher drei Fragen aus. Gib dann jeweils in einem Beispiel das Satzglied an, das mit dieser Frage ermittelt werden kann. Arbeite in deinem Heft.

Wortspeicher

Warum? – ~~Wessen?~~ – Wie? – Wo? – Wem? – Wer/was? – Wen/was? – Wann?

Frage	Satzglied
Beispiel: Wessen freut er sich?	*Genitiv-Objekt: des Lebens*

Satzarten unterscheiden

1 Füge das passende Satzzeichen ein und bestimme die Satzart (→ Nachschlagen S. 109). Tausche dich mit einem Lernpartner über deine Lösungen aus.

Beispiel: Tarek und Jakob spielen gerne Fußball_.__ *(Aussagesatz)*

- Welche Sportart magst du am liebsten ____ (______________________)
- Pass auf, dort steht ein Spieler frei ____ (______________________)
- Willst du beim Völkerball mitspielen ____ (______________________)
- Gib endlich den Ball ab ____ (______________________)
- Jeden Montag spielen wir Fußball ____ (______________________)

2 Trenne die einzelnen Wörter durch einen senkrechten Strich voneinander und schreibe danach den Satz richtig auf. Verwende dabei die richtigen Satzzeichen und bestimme die Satzart.

Beispiel: *tor/für/tolles/ein/was* → *Was für ein tolles Tor! (Ausrufesatz)*

- schwimmenmussmanwarumvorduschendem

____

- nichtichmeinefindeturnschuhe

____

- gefälligstdupasswirfstaufwohin

____

- wennächstegegenwirwochespielen

____

- spieleichtischtennisgerne

____

3 Manchmal will man durch eine Frage eigentlich jemanden zu etwas auffordern. Schreibe auf, was mit folgenden Sätzen eigentlich gemeint sein könnte.

Beispiel: *„Willst du ewig an den Ringen hängen?"* → ***Komm endlich runter!***

„Macht das Seilspringen Spaß?" → ______________________

„Muss die Sportstunde denn schon zu Ende sein?" → ______________________

4 Überlege dir ■ zwei / ■ drei / ■ vier weitere Beispiele für solche „Fragen" und schreibe sie in dein Heft.

5 Gestern in der Sportstunde durfte jeder machen, worauf er Lust hatte. Schreibe für die Schülerzeitung in deinem Heft einen kleinen Artikel über diese Sportstunde (→ Berichten S. 27–30). Gestalte deinen Text abwechslungsreich, indem du nicht nur verschiedene Satzarten verwendest, sondern auch Hauptsätze und Nebensätze miteinander verbindest. Dafür brauchst du Konjunktionen (Hauptsatz + Hauptsatz verbinden) und Subjunktionen (Hauptsatz + Nebensatz verbinden) aus dem Speicher. Unterstreiche alle Hauptsätze rot und alle Nebensätze blau (→ Nachschlagen S. 109).

Wortspeicher

während – nachdem – und – bevor – weil – als – indem – damit – aber

Beispiel: *Als die Sportstunde begann, standen wir staunend vor den vielen aufgebauten Geräten.*

Satzglieder untersuchen

1 Wer macht eigentlich was? Finde es mithilfe der Prädikate heraus. Ergänze ■ zwei / ■ vier / ■ sechs Subjekte und Objekte in der Tabelle.

Wortspeicher

~~Ärzte~~ – Mäuse – Holzarbeiter – Tierärzte – Brot – Bauarbeiter – Tiere – Bäcker – Häuser – Katzen – Hühner – Bäume – Eier – ~~Patienten~~

Subjekt	Prädikat	Objekt
Ärzte	behandeln	*Patienten.*
	backen	
	fällen	
	bauen	
	heilen	
	fangen	
	legen	

2 Tarek, Jakob und Paula haben einen Detektivclub gegründet. Um über ihren aktuellen Fall in der Schule sprechen zu können, haben sie einen speziellen Code entwickelt. Hier ist der Auszug aus ihrem Code-Wörterbuch:

1 heute	2 unser	3 das	4 Detektivclub
5 alte	6 gründlich	7 Haus	8 durchsucht

Tarek schickt in der Deutschstunde heimlich diese Nachricht an Jakob: 1 8 2 4 3 5 7 6.
Jakob entschlüsselt folgenden Inhalt:

Heute	durchsucht	unser Detektivclub	das alte Haus	gründlich.
Temporaladverbiale	*Prädikat*	*Subjekt*	*Objekt*	*Modaladverbiale*

a) Jakob sendet diesen Code an Paula: 2 4 8 1 3 5 7 6. Wie lautet dieser Satz? Schreibe ihn auf.

Satz: ______________________________

Satzglieder: ______________________________

b) Paula sendet die Information über die folgende Satzstruktur an ihren Auftraggeber:

Temporaladverbiale Prädikat Subjekt Modaladverbiale Objekt

Welchen Code kann sie verwenden? ______________________________

c) Versuche in deinem Heft den Satz nochmals umzustellen, sodass ein neuer Code entsteht, und bestimme die Satzglieder.

3 Paula, Tarek und Jakob wurden beim SMS-Schreiben vom Lehrer erwischt. Sie haben beschlossen, dass die Nachrichten kürzer werden müssen, um schneller zu sein. Dabei hilft ihnen die Ersatzprobe. Verkürze die Nachrichten durch Ersetzungen und bestimme die einzelnen Satzglieder.

Beispiel: *Der süße kleine Hamster meines Bruders schläft unter dem Laufrad.*

Er	*schläft*	*dort.*
Subjekt	Prädikat	Lokaladverbiale

Unser Detektivclub durchsucht das alte Haus vom Dach bis zum Keller.

____

____

Paula, Tarek und ich besprechen unser neuestes Projekt in unserem Büro.

____

____

Bei dieser Gelegenheit erfinden wir Jungdetektive eine neue Geheimsprache.

____

____

Unser Club testet bei abgedunkelten Fenstern dieses neue Verfahren.

____

____

Subjekt, Prädikat und Objekte ermitteln

1 Lies den Witz. Frage in jedem Satz nach dem Subjekt und unterstreiche es im Text. Schreibe die Frage und Antwort zu allen neun Subjekten in dein Heft.

In sieben Metern Tiefe bemerkt ein Sporttaucher einen blonden Mann, der in der gleichen Tiefe ohne Taucherausrüstung unterwegs ist. Der Taucher geht sechs Meter tiefer, wenige Minuten später ist auch der Blonde da. Als dieser nach weiteren neun Metern wieder zur Stelle ist, nimmt der Taucher eine Tafel und schreibt mit wasserfester Kreide: „Wie zum Teufel schaffst du es, in dieser Tiefe so lange ohne Taucherausrüstung zu bleiben?" Der andere Mann kritzelt mit letzter Kraft auf die Tafel: „Ich ertrinke, du Trottel!"

Beispiel: *Wer bemerkt in sieben Metern Tiefe jemanden?* *ein Sporttaucher*

(2) Wer ist in der gleichen Tiefe ohne Taucherausrüstung unterwegs?

(3) Wer geht ... (4) – (9).

2 Ermittle jeweils das Objekt mit einer vollständigen Satzgliedfrage und beantworte diese.

Beispiel: *Der Ball gehört meinem Freund.* *Satzgliedfrage:* *Wem gehört der Ball?*
Dativobjekt: *meinem Freund*

- Er rühmt sich seines Sieges.

  Satzgliedfrage: Wessen ______

  Genitivobjekt: ______

- Der Trainer gibt die Mannschaftsaufstellung bekannt.

  Satzgliedfrage: ______

  Akkusativobjekt: ______

- Die blaue Umkleidekabine gehört der gegnerischen Mannschaft.

  Satzgliedfrage: ______

  Dativobjekt: ______

- Der Schiedsrichter befragt den Linienrichter, ob der Ball im Aus war.

  Satzgliedfrage: ______

  Akkusativobjekt: ______

Adverbiale Bestimmungen kennen und verwenden

1 Verbinde die Fragewörter jeweils mit den passenden adverbialen Bestimmungen (Adverbialien).

wo? | warum? | wie lange? | wann? | wie?

Lokaladverbiale
Temporaladverbiale
Kausaladverbiale
Modaladverbiale

bis wann? | wohin? | auf welche Art und Weise? | weshalb? | seit wann?

2 Unterstreiche in den folgenden Sätzen die adverbialen Bestimmungen und benenne sie genauer.

Diesen Winter hat Paulas Familie einmal ganz anders Ferien gemacht.

Letztes Jahr war sie an die Nordsee gefahren.

In diesem Jahr entschloss sie sich in den Bergen Ski zu fahren.

Sie mietete sich in einer Berghütte ein.

Was sie da in den zwei Wochen Weihnachtsferien alles erlebt hat, war viel aufregender als zwei Wochen Karibik.

Vergnügt fuhr sie nach Hause.

3 Wähle einen / zwei / drei der Sätze (1) bis (5) aus: Setze an passenden Stellen in den Sätzen jeweils die angegebenen adverbialen Bestimmungen ein und schreibe dann deine Sätze auf. Arbeite in deinem Heft weiter, wenn der Platz nicht reicht.

(1) Tarek feiert Geburtstag. (temporal, lokal) / (2) Paula kauft Äpfel. (temporal, lokal) / (3) Sie backt einen Kuchen. (kausal) / (4) Alle gehen zu Tarek. (temporal, modal, kausal) / (5) Er bedankt sich. (modal, kausal)

In einem Text Sätze untersuchen und die eigene Meinung mithilfe adverbialer Bestimmungen ausdrücken

Miley Ray Cyrus ist eine bekannte Schauspielerin und Sängerin aus den USA. [1] Ihren Durchbruch schaffte sie [2] durch die Fernsehserie Hannah Montana, in der sie ab 2006 die Hauptrolle spielte.

Seit Februar 2008 stellte [3] Cyrus [4] regelmäßig zusammen mit einer Freundin, der Background-Tänzerin Mandy Jiroux, einige Videos, die *The Miley and Mandy Show* genannt wurden, auf die Internetseite YouTube. Die Videos wurden [5] jeden Tag tausend Mal angeklickt. Musik ist auch heute ihr Hauptgeschäft. Ihre Eltern unterschrieben Verträge für sie. Den Rat dafür gab [6] ihnen die Patentante von Cyrus, Dolly Parton, die auch eine berühmte Sängerin ist.

Miley hat [7] viele junge Fans, die zwar manchmal auch über die Skandale geschockt sind, aber [8] trotz der Skandale zu ihr halten. So ließ sich Miley 2008 für eine Zeitschrift nur mit einem Seidentuch verhüllt fotografieren und die Fans blieben ihr treu.

Die Fans von Miley Cyrus leiden mit ihrem Idol, denn sie veröffentlicht alle ihre Gefühle über Twitter. So erfuhren sie, dass Miley mit einem allergischen Schock [9] ins Krankenhaus musste. Außerdem hat sie auch [10] wegen ihrer Erkrankung Konzerte verschoben.

Sie ist zurzeit eine der erfolgreichsten Popstars. Aber die Meinungen über sie gehen stark auseinander.

1 Wähle einen Satz aus dem Text aus, bei dem man auch ein anderes Satzzeichen setzen könnte. Notiere den Satz mit dem neuen Satzzeichen in deinem Heft und begründe deine Wahl.

2 Übertrage den markierten Satz in dein Heft und ermittle mithilfe einer passenden Probe alle Satzglieder. Unterstreiche die einzelnen Satzglieder in verschiedenen Farben.

3 Bestimme alle im Text blau unterstrichenen Satzglieder. Arbeite weiterhin in deinem Heft.

4 Was hältst du von Miley Cyrus? Ergänze die Sätze mit einer dir sinnvoll erscheinenden adverbialen Bestimmung und bestimme in Klammern dahinter jeweils die Art der adverbialen Bestimmung.

Milus Cyrus singt ______________________________.

Ihre Klamotten hat sie bestimmt ______________________________.

Sie sollte in Zukunft am besten ______________________________ auftreten.

______________________________ konnte sie so bekannt werden.

Ihr Erfolg wird sicher ______________________________ andauern.

2.4 Rechtschreibstrategien und Rechtschreibregeln kennen und anwenden

Hier findest du Informationen im Schülerbuch: *S. 228–259*

Diese Kompetenzen trainierst du: *Wortverlängerung und Stammprinzip kennen und anwenden, Dehnung und Schärfung der Vokale erkennen und richtig schreiben, erste Regeln zur Groß- und Kleinschreibung sicher beherrschen, Regeln für die s-Schreibung kennen und anwenden, Schreibung von* ***das*** *und* ***dass*** *kennen, Gleich- und Ähnlichklinger erkennen und unterscheiden, Satzzeichen bei wörtlicher Rede und Aufzählungen richtig setzen*

Hier findest du Hilfestellungen im Arbeitsheft: *hintere Heftklappe, Nachschlagen S. 110*

Teste deinen Lernstand

Rechtschreibstrategien und Rechtschreibregeln – wie gut kennst du dich damit aus?

Kennst du „Hilfen", die dir das richtige Schreiben erleichtern? Kreuze das für dich Zutreffende an und ergänze entsprechende Beispiele für deine Kenntnisse in der Tabelle unten.

- ◯ Ich kenne sowohl Rechtschreibregeln als auch Rechtschreibstrategien.
- ◯ Ich kenne nur Rechtschreibregeln.
  Hier kann ich mir Strategien im Arbeitsheft und im Schülerbuch nochmals genau ansehen:
  ____
- ◯ Ich kenne nur Rechtschreibstrategien.
  Hier kann ich mir Regeln im Arbeitsheft und im Schülerbuch nochmals genau ansehen:
  ____
- ◯ Ich kenne weder Rechtschreibregeln noch Rechtschreibstrategien.
  Hier kann ich mir Regeln und Strategien im Arbeitsheft und im Schülerbuch nochmals genau ansehen:
  ____

Beispiel(e)	Rechtschreibregel	Rechtschreibstrategie

Dehnung der Vokale erkennen und richtig schreiben

1 Sprich die folgenden Wörter laut und deutlich. Höre genau hin, welche Vokale lang oder kurz sind. Trage die Wörter in der entsprechenden Zeile ein.

Wortspeicher

Teer – Rand – Mond – Keller – Tiere – geht – matt – Tonne – Kind – Graben

kurzer Vokal: ______________________________

langer Vokal: ______________________________

2 Für lange Vokale gibt es unterschiedliche Schreibweisen. Ordne Tiere aus dem Tierpark in der Tabelle richtig zu und unterstreiche jeweils den langen Vokal. Manche Spalten sind noch wenig befüllt. Finde weitere Tiere mit langen Vokalen und ergänze sie in der richtigen Spalte.

einfacher Vokal	Doppelvokal	Dehnungs-h	-ie

3 Finde die Wörter mit langen Vokalen und schreibe sie in dein Heft. Unterstreiche die langen Laute.

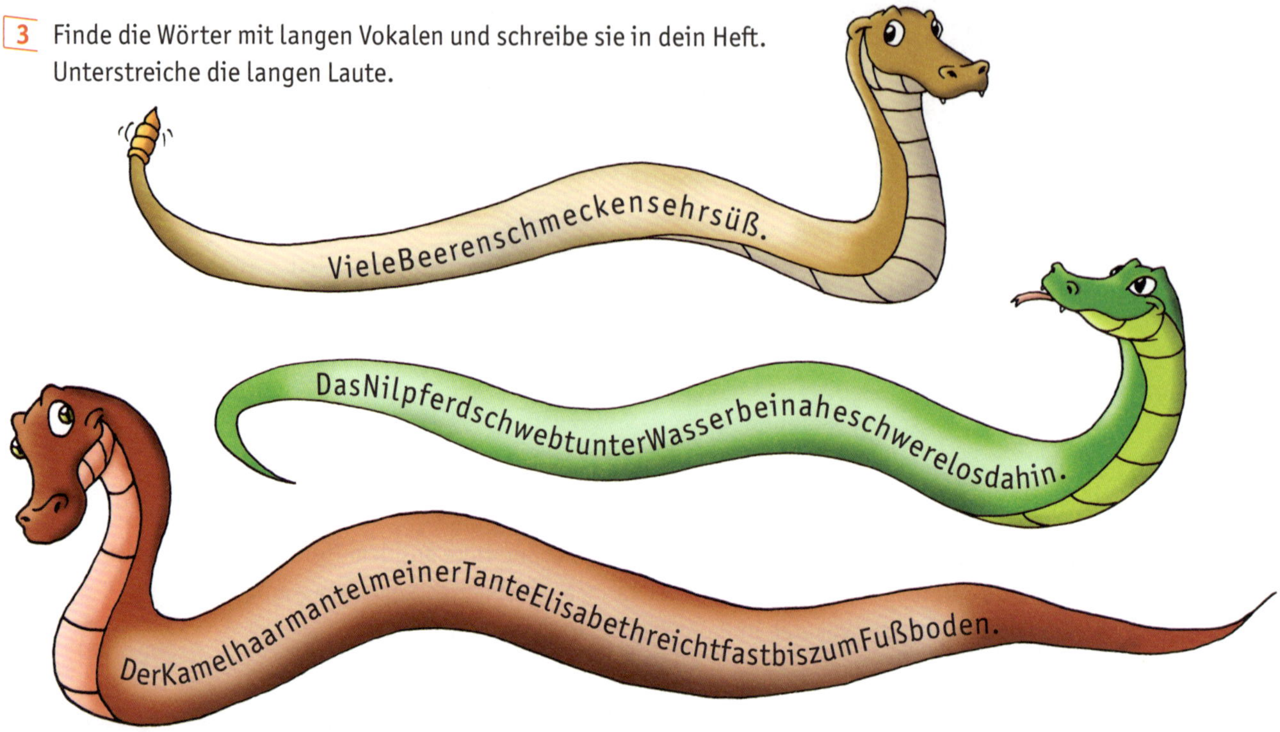

4 Fülle die Lücken richtig aus. Achtung: Nicht alle Vokale sind lang!

a-Laut:	Der ____l und der B____rsch liegen auf der W____ge.
ä-Laut:	Z____le j____rlich die P____rchen der Hy____nen.
e-Laut:	Der S____stern im M____r ist s____r b____qu____m.
i-Laut:	S____ sp____lt ____rem L____ben ____gel ein L____d vor.
o-Laut:	Auf dem B____t im Z____ lebt ein fr____er Fl____.
ö-Laut:	H____llisch viele Besucher str____men ____fters durch die H____le.
u-Laut:	Auf dem Fl____r steht ein ungewöhnlicher Bes____cherst____l.
ü-Laut:	Die gr____ne T____te geht im Gew____l am Gl____weinstand verloren.

5 Markiere im folgenden Text ■ fünf / ■ zehn / ■ zwanzig lange Vokale mit einem Textmarker.

Tarek, Paula und Jakob haben beschlossen, am nächsten Sonntag wieder in den Zoo zu gehen, wenn das Wetter schön sein sollte. Sie wollen vielleicht sogar Phil fragen, ob er auch Lust hat mitzukommen. Im Tierpark gibt es zwei ganz junge Eisbären und diese möchten sie unbedingt anschauen. Sie fanden schon den kleinen Knut damals so süß und jetzt gleich zwei Mal so ein Jungtier – das wollen sich die drei nicht entgehen lassen. Das wird sicher ein großer Spaß.

Schärfung der Vokale erkennen und richtig schreiben

1 Löse das Rätsel.

2 Formuliere die Regel für die immer wiederkehrende Schreibung in den Wörtern aus Aufgabe 1.
Tipp: Konzentriere dich auf die Vokale der Wörter!

Das musst du wissen

3 Finde die passenden Antworten und schreibe sie auf die Linie. Markiere die kurzen Vokale.

- Damit beendet der Schiedsrichter das Spiel: ______________________
- Fachwort für „sich den Ball zuspielen“: ______________________
- Darauf spielt man Fußball: ______________________
- Markiert die Ecke des Fußballplatzes: ______________________
- Zeichen für die Mitte des Spielfeldes: ______________________

Silbenspeicher

Pfiff – fah –
sen – Platz –
Eck – pas –
ne – Punkt –
Schluss – Mittel

4 Ordne die Lösungen aus Aufgabe 3 den Regeln für kurze Vokale zu. Finde anschließend weitere Beispiele und ergänze sie auf den Linien.

Das musst du wissen

Nach einem kurz gesprochenen, betonten Vokal folgen in der Regel zwei Konsonanten.

Das sind Wörter mit zwei oder mehreren verschiedenen Konsonanten: ______________________

____

Das sind Wörter mit zwei gleichen Konsonanten (Doppelkonsonant): ______________________

____

Wörter, in denen *k* und *z* mit *ck* oder *tz* wiedergegeben werden: ______________________

____

5 In diesem Buchstabengitter sind zehn Wörter mit einem kurzen Vokal versteckt. Kreise sie ein und schreibe sie in dein Heft.
Finde zu ■ vier / ■ sechs / ■ zehn Wörtern mindestens ein Reimwort.

Beispiel: *Hammer – Kammer*

R	S	C	H	N	E	C	K	E	L
E	O	H	I	W	O	T	H	S	E
B	C	K	S	E	L	A	G	T	I
S	K	I	Y	W	T	T	F	O	X
X	E	P	L	A	T	Z	A	O	M
A	N	W	I	N	S	E	L	N	G
L	O	A	Z	K	Q	U	L	Z	O
O	T	T	O	E	P	R	E	S	I
U	N	T	I	N	T	A	N	N	E
M	R	E	S	A	D	J	Y	E	P

6 Ergänze im Text die fehlenden Konsonanten.

Schneewi______chen fährt ins So______ercamp

An diesem Mi______woch erwachte Schneewi______chen mit einem to______en Gefühl im Bauch: Heute begann ihr Urlaub! Sie ha______e beschlo______en, diesen So______er ohne die Zwerge zu verreisen – sie wo______te in ein Sportcamp und dort hä______en die Zwerge nur a______es durcheina______dergebracht. Kaum war Schneewittchen angeko______en, ging das Progra______ auch schon los. Zuerst wurden a______e Teilnehmer miteina______der beka______t gemacht. Dafür mu______ten sich a______e Spi______namen ausde______ken, Schneewittchen wählte für sich „Witti“. Mit Wa______erskifahren, Ponyreiten, Kle______ern im Hochseilgarten, Schwi______en, Radfahren und vielen Spielen auf dem Sportpla______ war die Woche wie im Flug vergangen. Am le______en Tag fand die Camp-Olympiade sta______. Witti war sehr aufgeregt, de______ sie startete für ihr Team in der Disziplin „Hufeisenwerfen“. Sie trat mit dem Hufeisen in der Ha______d an die Linie und …

7 Was passierte mit Schneewittchen beim Hufeisenwerfen? Schreibe die Geschichte in mindestens vier Sätzen zu Ende und markiere alle kurzen Vokale in deinem Text.

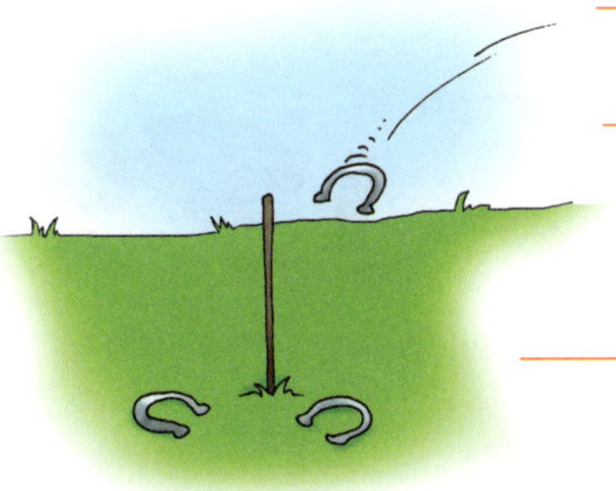

Regeln für die s-Schreibung kennen und anwenden

1 Entscheide dich für *s*, *ss* oder *ß* und fülle die Lücken im Horoskop.

Da____ Horo____kop

Wa____ermann

La____en Sie blo____ die Finger von gro____en schulischen Veränderungen. Zwar haben Sie ____ich in letzter Zeit in be____onderer Wei____e durch ihr Wi____en hervorgetan, doch ____ollten Sie ____ich nicht überfordern. Lang____am, aber ____icher werden Sie trotzdem an Ihr Ziel kommen.

Kreb____

Achten Sie be____er auf Ihre Ge____undheit! E____en Sie mehr ____alat, Kürbi____e, Klö____e, Nü____e und Apfel____inen. Genie____en Sie jeden Bi____en und kauen Sie lang____am, ____orgfältig und gewi____enhaft. Da____ lä____t Sie nicht mi____mutig werden.

Zwillinge

____eien ____ie heute be____onder____ wachsam. La____en ____ie ____ich nicht durch Schwätzer oder Clowns in Ihrer Konzentration stören. Sie werden ein____ehen, dass sich Aufmerksamkeit für Sie au____zahlt. Für eine anstehenden Kla____enarbeit sind Sie dann be____onders gut gerüstet. E____en Sie heute auch besonders viel Gemü____e und Äpfel. Das wird Ihre Leistung noch zu____ätzlich steigern.

Waage

Auch wenn Sie normalerweise ein besonders ausgeglichenes We____en haben, müssen Sie sich heute einmal auf eine ____eite schlagen. Beziehen Sie eindeutig Stellung. Es wird Ihr An____ehen steigern und Sie werden viele neue Freunde gewinnen. La____en Sie sich überraschen.

Fische

Wa____er ist Ihr Element, also schwimmen Sie sich frei. Lö____en Sie sich aus alten Mustern und probieren Sie Neue____ aus. Ver____uchen Sie es mit einer neuen Fri____ur, kleiden Sie sich einmal etwas mutiger. Sie werden ____ehen, wie viel Spa____ Sie haben werden.

Regeln für die das-/dass-Schreibung kennen und anwenden

1 Fülle die Lücken mit *das* oder *dass*. Schreibe in die Klammern, welche Wörter man ersatzweise benutzen kann. Falls die Ersatzprobe nicht möglich ist, zeichne einen Blitz (⚡) ein.

Beispiel: *Tarek kauft sich in der Eisdiele fünf Kugeln Himbeereis, **das** sehr süß ist. **(welches)***

- Paula hofft, __________ sie auch einmal probieren darf. (__________)
- Jakob plant __________ auch. (__________)
- Die Idee, __________ Tarek das Eis kauft und die anderen es probieren, ist nicht neu. (__________)
- Aber diesmal haben sie nicht beachtet, __________ Tarek mit dem Rad gekommen ist. (__________)
- Schnell springt er auf __________ Rad, __________ er sich extra bereitgestellt hat.

  (__________) (__________)
- __________ hatten sich Paula und Jakob aber anders vorgestellt. (__________)

2 Aus zwei mach eins. Forme aus den beiden Sätzen jeweils einen Satz. Überprüfe mit der Ersatzprobe, ob du *das* oder die Subjunktion *dass* benutzen musst.

Beispiel: *Marlene hat es Paul gesagt. Die Geschichte von Max war gelogen.*
Marlene hat Paul gesagt, dass die Geschichte von Max gelogen war.
✶ Marlene hat Paul gesagt, welches/dieses die Geschichte von Max gelogen war.
*(geht nicht, also **Subjunktion** dass)*

Jakob fährt mit einem Fahrrad. Das Fahrrad ist feuerrot.

____

____

Paula träumt von etwas. Ihr Fahrrad soll auch so schön rot sein.

____

____

Paula bringt ihr Fahrrad in ein Radgeschäft. Das Radgeschäft soll Paulas Rad feuerrot lackieren.

____

____

Paula hofft etwas. Jakob soll sie auf eine große Radtour mitnehmen.

____

____

Regeln für die Groß- und Kleinschreibung kennen und anwenden

1 Unterstreiche in diesen Witzen alle Nomen. Schreibe die Witze dann mit der richtigen Groß- und Kleinschreibung auf die Linien.

DIE LEHRERIN IST ENTSETZT ÜBER DIE SCHMUTZIGEN HÄNDE VON HUGO. DOCH ER ANTWORTET NUR: „ACH – DAS IST DOCH NICHTS BESONDERES, FRAU SCHMIDT. WARTEN SIE ERST EINMAL, BIS SIE MEINE FÜSSE SEHEN!"

____

____

____

ZWEI MÖBELPACKER SOLLEN EIN KLAVIER IN DEN ACHTEN STOCK TRAGEN. SCHON NACH EIN PAAR STUFEN STÖHNT DER EINE: „ICH MUSS DIR ETWAS SAGEN!" DER ANDERE: „SAG ES, WENN WIR OBEN SIND!" OBEN ANGEKOMMEN FRAGT DER EINE: „WAS WOLLTEST DU SAGEN?" DER ANDERE: „WIR SIND IM FALSCHEN HAUS."

____

____

____

ZWEI POLIZISTEN HALTEN EIN AUTO MIT ZWEI FAHRRÄDERN AUF DEM DACH AN. IM AUTO SITZT EIN VAMPIR. DER POLIZIST FRAGT: „HABEN SIE GETRUNKEN?" DER VAMPIR: „NUR ZWEI RADLER ..."

____

____

____

2 Füge die Wörter in der richtigen Form in die Lücken ein. Beachte die Groß- und Kleinschreibung.

neu: Von Paulas ____________ Klasse gibt es nicht viel ____________ zu berichten.

lustig: Das ____________ heute Abend war, als der ____________ Clown mit den Kaninchen auftrat.

nützlich: Etwas ______________ ist der ______________ Apfelschäler.

verzweifeln: Es ist zum ______________!

leben: Das ____________ ist zu kurz, um es nicht richtig zu ____________.

3 Trage die Wörter in der richtigen Schreibweise ein. Unterstreiche die Wörter, die dir eine Nominalisierung anzeigen.

Beispiel: *an einem windigen Vormittag (keine Nominalisierung, also ohne Markierung)*

An einem *windigen* (WINDIGEN) Vormittag bin ich zu meiner ______________________ (BESTEN) Freundin gegangen. Ich ______________________ (ÜBERRASCHTE) Paula gerade beim ______________________ (SPIELEN) mit ihrem Hund. Da war ich natürlich die ______________________ (GLÜCKLICHSTE), als ich ______________________ (MITSPIELEN) durfte. Beim schnellen ______________________ (REAGIEREN) und im flinken ______________________ (WERFEN) mit dem Ball war ich aber noch nicht so ______________________ (GUT) wie Paula. „Das ______________________ (KOMMT) vom vielen ______________________ (ÜBEN)“, sagte sie ______________________ (STOLZ). Ich muss zugeben, dass in unserer Klasse die ______________________ (KLEINE) Paula beim ______________________ (HUNDEDRESSIEREN) die ______________________ (GRÖßTE) ist.

4 Charly hat sich im Internet ein neues Skateboard bestellt. Als es geliefert wird, stellt er fest, dass es nicht seinen Vorstellungen entspricht und deshalb schickt er es mit einem Begleitbrief an den Händler zurück. Hilf Charly bei der richtigen Groß- und Kleinschreibung seines Briefes. Schreibe dafür ■ den ersten Teil des Briefes / ■ den ersten und zweiten Teil des Briefes / ■ den ganzen Brief in dein Heft.

SEHR GEEHRTE DAMEN UND HERREN,

LEIDER MUSS ICH IHNEN MITTEILEN, DASS DAS ZUGESCHICKTE SKATEBOARD IN KEINER WEISE MEINEN ERWARTUNGEN ENTSPRICHT UND ICH ES IHNEN DESHALB WIEDER ZURÜCKSCHICKE. **(Teil 1)** DIE GRÖßE STIMMT NICHT MIT MEINER BESTELLUNG ÜBEREIN UND AUCH DIE FARBEN UND DIE GESTALTUNG GEFALLEN MIR NICHT. IHREN MITARBEITERN MUSS BEI DER ZUSENDUNG EIN FEHLER UNTERLAUFEN SEIN. **(Teil 2)** ICH HATTE EINE BREITE VON 83 CM BESTELLT. ANSTELLE DES HÄSSLICHEN GRAUS HATTE ICH EIN LEUCHTENDES ORANGE BESTELLT. BITTE TEILEN SIE MIR MIT, OB SIE DAS BOARD AUSTAUSCHEN ODER OB SIE DIE BESTELLTE VARIANTE NICHT MEHR LIEFERN KÖNNEN. ICH WARTE MIT DER BEZAHLUNG AUF IHRE ANTWORT. **(Teil 3)**

MIT FREUNDLICHEN GRÜßEN
Charly, das Chamäleon

Gleich- und Ähnlichklinger erkennen und richtig schreiben

1 Leite die Wörter mit *ä* oder *äu* von passenden Wörtern mit *a* oder *au* ab.

Beispiel: *täuschen – Tausch*

Geräusch ____________	vierhändig ____________
Räuber ____________	aufwändig ____________
häuten ____________	wässern ____________
Bräutigam ____________	auffällig ____________
säen ____________	gläubig ____________
Träume ____________	mächtig ____________
Gänse ____________	Gebräu ____________

2 Finde bei den folgenden Wörtern den fehlenden Buchstaben heraus, indem du die Verlängerungsprobe durchführst. Trage dann *b, p, d, t, g* oder *k* in die Lücke ein. Schreibe eine kleine Geschichte, in der du drei / vier / fünf der genannten Wörter verwendest.

Beispiel: *Zwerg* ***(Zwerge)***

Hun___	Wer___	lie___	Lan___
bun___	Schran___	Stran___	We___
Sie___	Betrie___	Wal___	

3 Füge *ä* oder *e* bzw. *b, p, t, d, g* oder *k* in die Lücken ein.

Tareks Klasse

Immer wenn Jakob auffälli____ mit den Augen roll____, bedeute____ das meistens etwas Gef____hrliches. Of____ ha____ er dann etwas ausgeh____ckt. Entweder kle____ ____ er jeman____em einen Zettel auf den Rücken, verst____ckt die J____ckchen der M____dchen oder schie____t zuf____lli____ sein Bein auf den Gan____, wenn jeman____ vorbeigeht. Wenn Paula das ersp____ht, beginnt ihr H____rz ____ngstlich zu klopfen und das kommt bei ihr nicht besonders h____ufi____ vor. Doch Jakobs Taten bringen oft ____rger für die ganze Klasse. Beim letzten Mal bestan____ der Lehrer, der Jakob beim Schw____mmewerfen im Gan____ erwischt hatte, darauf, dass s____mtliche Klassenkamera____en mit ihm zusammen den Boden und die Wan____ s____ubern mussten.

4 Tarek schickt Jakob über die Diktierfunktion eine Nachricht auf sein Handy. Leider ist das Programm nicht ganz ausgereift und er bekommt den Text rechts:

Notiere die Arbeitstechniken, die dir bei der Verbesserung helfen können, und wende diese bei der Verbesserung der Nachricht an.

Hier helfen mir ______________________ und ______________________.

Beispiel: *gemerkt/d? gemerkte Dinge = gemerkt*

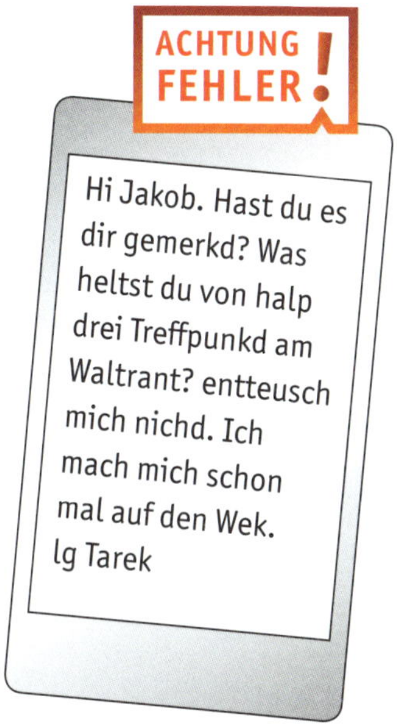

5 Schreibe die Nachricht richtig in dein Heft.

Satzzeichen richtig setzen

1 Ergänze die notwendigen Kommas.

Paula hat keine Lust auf Hausaufgaben aber sie muss noch Mathe Deutsch Erdkunde und Französisch machen. Weil sie am Abend mit ihrer Freundin Pizza backen will muss sie vorher noch Mehl Hefe Salami Käse und Tomatenmark einkaufen. Sie macht sich also schnell an die Hausaufgaben. Paula kümmert sich um die Bruchrechnung die Nacherzählung die Englischvokabeln und die Hauptstädte der Bundesländer. München Stuttgart Düsseldorf und Hannover kann sie sich am besten merken. Zum Schluss schreibt sie noch die Französischvokabeln mitsamt der Übersetzung der Erklärung und den Beispielen ab damit sie sich die Wörter auch gut einprägen kann.

2 Schreibe den Inhalt der Sprechblasen mit den richtigen Satzzeichen auf.

Tarek fragt ______________________________

______________ erwidert Paula ______________

______________________________ ruft Jakob

3 Entschlüssle den Witz. Schreibe ihn in der richtigen Groß- und Kleinschreibung auf und setze die richtigen Satzzeichen der wörtlichen Rede.

DERLEHRERFRAGTFRITZCHENHASTDUDEINEHAUSAUFGABENGEMACHTFRITZCHENERWIDERT NEINDANNMUSSICHDASDEINEMVATERSAGENMEINTDERLEHRERENTTÄUSCHTDASNÜTZTNICHT VIELENTGEGNETFRITZCHENDENNERWIRDSIEAUCHNICHTMACHEN

____

____

____

____

Fehler finden und korrigieren

1 Paula schreibt für die Schülerzeitung einen Artikel über die Klassenfahrt. Vor dem Druck müssen noch die Fehler korrigiert werden. Unterstreiche alle Fehler, die du im Text findest. Im ersten Abschnitt sind sie am Rand gekennzeichnet, im zweiten Abschnitt steht nur die Fehlerzahl unter dem Text. Korrigiere die Fehler neben dem Text.

2 Bei vielen Wörtern helfen dir Rechtschreibregeln oder Rechtschreibstrategien, die richtige Schreibweise zu ermitteln. Wähle dazu vier Wörter aus und notiere dir für diese in deinem Heft eine passende „Hilfestellung“.

ACHTUNG FEHLER!

Im Sebtember waren wir in Stuttgart. Die Fahrt dorthin war lank. Wir sind zwei- bis dreimal mit Bus und Bahn umgestiegen. Mittags sind wir angekomen. Wir sind auf unsere Zimmer gegangen und hahben die Betten bezogen und unsere Sachen ausgepackt. Danach sind wir in den Speisesal gegangen und haben etwas gegessen. Anschließend hatten wir ein seminar und haben gespielt und geredet. Die Spiele haben Spas gemacht. Bei einem Spiel mussten wir uns einen Ball so zuwerfen, dass jeder den Ball nur einmal in der Hand hatte.

2. Abschnitt: Abends haben wir noch Fußball gespielt und viele Kinder haben sich Süsigkeiten am Automaten gekauft. Wir Mädchen haben einen Mädchenabend verbracht. Am nächsten Morgen haben wir im wald Herr der Ringe gespielt. Herr der Ringe ist ein Spil, bei dem Karten verteilt werden mit verschiedenen Charakteren, wie beispielsweise Zwerk, Zauberer, Elfe. Und es gab einen Schaz. Das Spiel hat allen gut gefallen, auch wenn in der zweiten Runde von einer anderen Klasse geschumelt wurde. Am Abend sind wir zur Love-Letter-Party gegangen. Auf der Party haben wir Musik gehört, getantzt und Briefe geschrieben. Leider war die Musik sehr laut. Ansonsten haben uns die Party und die Klassenfahrt gut gefallen. Am nechsten Tag mussten wir mittags wieder nach Hause fahren. (8)

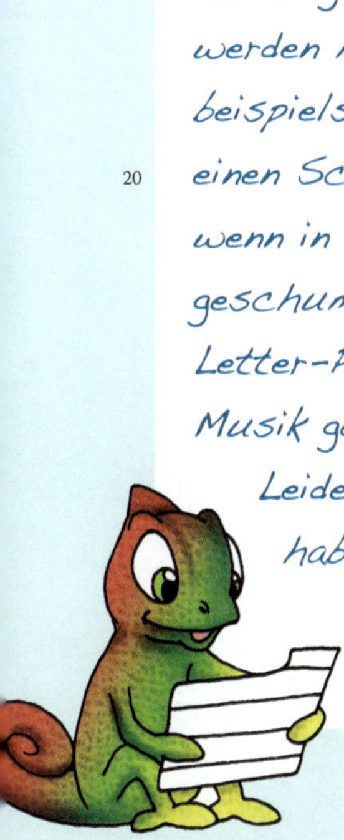

3.1 Sachtexte und Erzähltexte unterscheiden

Hier findest du Informationen im Schülerbuch: *S. 76–105 u. 106–127*

Diese Kompetenzen trainierst du: *Merkmale von erzählenden Texten und Sachtexten beschreiben, die Wirkungsabsicht von literarischen Texten und Sachtexten kennen, verschiedene Sachtextarten erkennen, Textstellen für das Erkennen von Texten untersuchen und bestimmen, mithilfe der Merkmale selbstständig verschiedene Texte verfassen*

Hier findest du Hilfestellungen im Arbeitsheft: *Nachschlagen S. 111*

Teste deinen Lernstand

Sachtexte oder Erzähltexte – kannst du diese voneinander unterscheiden?

1 Mit welchen Textarten kennst du dich aus? Unterstreiche das für dich Zutreffende und streiche das Nichtzutreffende durch.
Ich kenne mich nicht/kaum/gut mit Sachtexten und nicht/kaum/gut mit Erzähltexten aus.

2 Fällt es dir manchmal schwer, bestimmte Texte zu verstehen? Wenn ja, begründe in deinem Heft in ein paar Sätzen, warum das so ist.

3 Wähle aus den nachfolgenden Textbeispielen eines aus. Unterstreiche die zu dem Textbeispiel passende Textart und begründe deine Wahl auf den Schreibzeilen.

Bundeskanzler/in
Der Chef oder die Chefin der Bundesregierung heißt Bundeskanzler oder Bundeskanzlerin. Er oder sie wird vom Bundestag (→ Deutscher Bundestag) gewählt und bestimmt, welche Politik gemacht wird. Die Amtszeit dauert üblicherweise vier Jahre. Zum Bundeskanzler/zur Bundeskanzlerin kann gewählt werden, wer volljährig ist. Der Kanzler oder die Kanzlerin sucht die Ministerinnen und Minister aus, mit denen er oder sie die Regierung bildet. Diese werden dann vom Bundespräsidenten ernannt. Seit November 2005 ist Angela Merkel Bundeskanzlerin. Sie ist die erste Frau, die in Deutschland dieses Amt innehat.

Bundeskanzlerin Angela Merkel

Rotkäppchen

Es war einmal ein kleines süßes Mädchen, das hatte jedermann lieb, der es nur ansah, am allerliebsten aber seine Großmutter, die wusste gar nicht, was sie alles dem Kinde geben sollte. Einmal schenkte sie ihm ein Käppchen von rotem Sammet, und weil ihm das so wohl stand und es nichts anderes mehr tragen wollte, hieß es nur noch das Rotkäppchen. Eines Tages sprach seine Mutter zu ihm …

Dies ist ein Sachtext/Erzähltext, weil …

Dies ist ein Sachtext/Erzähltext, weil …

Sachtexte und Erzähltexte beschreiben

1 Paula und Jakob lieben Geschichten über Pferde, die allerdings sehr unterschiedlich sind. Schau dir die beiden Texte an und lies sie aufmerksam durch. Übertrage die Tabelle in dein Heft und trage dann jeweils die Merkmale ein, die dir beim Lesen auffallen.
Tipp: Informiere dich – wenn nötig – nochmals auf Seite 111 über die verschiedenen Textarten.

Pferde

Ursprung

Die Vorfahren unserer Pferde und auch aller eurasischen[1] und afrikanischen Halbesel, Wildesel und Zebras kommen aus Nordamerika.

In Europa starben die *Urpferde* schon aus, als sie noch so groß wie Hasen und Hunde waren und im Wald wohnten. In Nordamerika konnten sie aber viele weitere Entwicklungsstufen durchlaufen.

Der Weg zurück nach Europa

Vor etwa zehn Millionen Jahren kamen sie aus Amerika zum zweiten Mal nach Asien und Europa. Bei diesem zweiten Vorstoß waren sie schon so groß wie Ponys und liefen nur noch auf drei Zehen.

Im eurasischen Raum entwickelten sich die Tiere weiter und bildeten den *Urstamm* unserer heutigen Einhufer.

Diese *Urpferde* breiteten sich ebenfalls über weite Teile Südamerikas aus. Dort starben sie aber ebenso wie später in Nordamerika aus.

Zurück in Amerika

Kolumbus[2] fand in Amerika also keine Pferde mehr vor. Die Eingeborenen waren deswegen maßlos erschrocken, als die spanischen Eroberer mit ihren Schlachtrössern in ihr Land kamen.

Das Pony Peggy Sue im Garten

Lisa liebt ihr Pony über alles. Es ist dunkelbraun, hat einen dicken Bauch und einen hellen Schwanz. Letzte Woche ist etwas Unglaubliches passiert. Lisa hatte Peggy Sue nach einem Ausritt in den Stall gebracht, trocken gerieben und gefüttert. Sie streichelte es noch einmal und sagte: „Gute Nacht, mein Lieblingspony". Dann rannte sie schnell ins Haus, weil Mama sie schon dreimal gerufen hatte.

Während des Abendbrotes hörte sie seltsame Laute, es knackte und knirschte auf dem Rasen vor dem Wohnzimmerfenster. Lisa bekam Angst, sie sah auch einen seltsamen Schatten. Sie warf sich in Mamas Arme und flüsterte: „Ich glaube, da draußen ist ein Verbrecher." „Unsinn, Lisa", sagte Mama, „es ist sicher nur der Wind." Aber Lisa ließ sich nicht beruhigen. Sie wisperte: „Mama, bitte schau nach."

Mama ging zum Fenster, schaute hinaus und lachte plötzlich laut auf. „Schau mal, Lisa, wer da unsere Büsche anknabbert. Ich glaube, du hast vergessen, die Stalltür zuzumachen." Erleichtert lief Lisa zum Fenster und erblickte Peggy Sue, die am Johannisbeerbusch fraß.

[1] **eurasisch:** europäisch + asiatisch

[2] **Christoph Kolumbus:** Entdecker Amerikas

Merkmale	Sachtext	Erzähltext
äußere Form		
Wortwahl/Sprache		
Absicht		

Sachtexte und Erzähltexte erkennen und weiterschreiben

„Irgendwie sind mir Pferde nicht ganz geheuer!“

1 Im folgenden Text sind ein Sachtext über Pferde und ein Erzähltext über das Indianermädchen Mondsichel durcheinandergeraten. Lies den Text genau: Welche Textstellen geben dir jeweils Hinweise auf die beiden unterschiedlichen Texte? Unterstreiche die Textstellen, die zum Sachtext gehören, und die, die zum Erzähltext gehören, mit zwei unterschiedlichen Farben.

das Tipi: kegelförmiges Zelt

◯ Mustangs sind die wild lebenden Pferde Nordamerikas. ◯ Die Indianer lernten die Mustangs durch die Begegnung mit ihren Eroberern kennen und verehrten sie zuerst als heilige Tiere, denen sie mit Ehrfurcht und Respekt begegneten. ◯ In dieser Nacht wurde Mondsichel plötzlich wach. ◯ Sie lauschte in die Dunkelheit hinein. ◯ Die Mustangs dienten den Indianern zunächst als Fleischquelle, wenn sie die Tiere den Siedlern irgendwie entwenden konnten. ◯ Und als sie von fern ein Pferd wiehern hörte, da hielt sie nichts mehr zurück. ◯ Leise wie eine Schlange schlich sie an ihren Eltern und an ihren Großeltern und Geschwistern vorbei zum Zelteingang. ◯ Erst ab dem 17. Jahrhundert lernten die Indianer selbst den Umgang mit den Tieren und setzten sie für Jagd, Krieg, Zucht und als Transportmittel ein. ◯ Sie schliefen fest und keiner hörte sie. ◯ Ebenso leise huschte sie in die Nacht hinaus. ◯ Die Plains-Indianer nutzten zum Transport ihrer Tipis spezielle Tragegestelle, sogenannte Travois, welche die Tiere problemlos ziehen konnten. ◯ Da war es wieder, das Wiehern, von dem sie aufgewacht war. Es musste eins der eingefangenen Wildpferde sein. ◯ Dies zeugt von deren großer Zähigkeit und trotz der Verwilderung sehr menschenbezogenen Art. ◯ In diesem Augenblick nahm sich Mondsichel vor, ein Pferd zu zähmen. ◯ Zu den Stämmen der Plains-Indianer, die schon früh Kontakt mit den Pferden knüpfen konnten, zählen die Comanche und Apachen. ◯ Sie würde es selbst einreiten. ◯ Und alle würden sich wundern, wenn sie am nächsten Morgen auf dem Pferd ins Lager reiten würde. ◯ Sie waren als sehr gute Reiter bekannt.

2 Nummeriere die Sätze des Sachtextes und des Erzähltextes mit zwei verschiedenen Farben durch. Überprüfe anschließend, ob Sachtext und Erzähltext in deiner Reihenfolge jeweils einen Sinn ergeben.

3 Finde eine Überschrift für jeden der beiden Texte.

4 Den Sachtext weiterschreiben: Gibt es heute eigentlich noch Mustangs? Wie leben sie? Informiere dich in einem Schülerlexikon und ergänze den Sachtext in deinem Heft.

5 Den Erzähltext weiterschreiben: Arbeite in deinem Heft entweder (a) die Erzählsituation oder (b) Ereignis und Ausgang der Erzählung vom Indianermädchen Mondsichel aus.

3.2 Sachtexte und literarische Texte erschließen

Hier findest du Informationen im Schülerbuch: *S. 76–105 u. 106–127*

Diese Kompetenzen trainierst du: *verschiedene Lesetechniken kennen und anwenden, den Inhalt eines Textes erschließen, unbekannte Wörter klären, die Aussagen von Diagrammen wiedergeben*

Hier findest du Hilfestellungen im Arbeitsheft: *Nachschlagen S. 111*

Lesen ist nicht gleich lesen – wie erschließt du Texte?

Teste deinen Lernstand

1 Lesetechniken helfen dir, Texte besser zu erschließen. Bist du mit verschiedenen Techniken vertraut? Kreuze das für dich Zutreffende an.

- ◯ Ich kenne mehr als drei Lesetechniken.
- ◯ Ich kenne weniger als drei Lesetechniken.
- ◯ Ich kenne keine Lesetechnik.

2 Trage, sofern du bei Aufgabe 1 nicht den letzten Punkt angekreuzt hast, dir bekannte Lesetechniken in die Tabelle ein und vervollständige die Satzanfänge in der rechten Spalte.

Lesetechnik	Erläuterung
	Diese Lesetechnik dient dazu, …
	Bei dieser Lesetechnik liest du den Text …
	Bei dieser Lesetechnik liest du nur …
	Bei dieser Lesetechnik liest du den Text mehrmals und …

Sachtexte erschließen

In Tareks Klasse nutzen einige Mitschüler WhatsApp, obwohl es erst ab 16 Jahren erlaubt ist. Tarek möchte das auch. Sein Vater ist dagegen.

1 Überfliege den folgenden Text mit Bildern innerhalb von 30 Sekunden. Stoppe dafür deine Zeit. Notiere nach dem Überfliegen in Stichpunkten, was du über WhatsApp erfahren hast.

Hey, WhatsApp?

„Ohne mein Smartphone geht gar nichts mehr!" Viele Kinder und Jugendliche unter 16 Jahren stimmen dieser Aussage zu, auch wenn bekannt ist, dass die ständige Handynutzung süchtig machen kann. [...] Vieles kann man über das Handy teilen: Grüße, Bilder, Fotos und Einladungen. Laut einer Umfrage liegt WhatsApp im ***Ranking*** *der beliebtesten* ***sozialen Netzwerke*** *inzwischen vor Facebook, obwohl die Nutzung dieses Programms erst ab 16 Jahren erlaubt ist. [...]*

Was leistet WhatsApp?

Durch die besondere Rolle, die WhatsApp spielt, ist es wichtig, sich darüber zu informieren, was es kann, und auch, worauf man achten muss, damit z. B. eigene Fotos nicht einfach im Netz landen. Über WhatsApp können also neben Textnachrichten unter anderem auch Fotos, Videos und Audiodateien verschickt werden und das nicht nur an einzelne Personen, sondern durch einen **Gruppenchat** an bis zu 50 Personen gleichzeitig. WhatsApp versendet die Nachrichten im Gegensatz zur SMS über das Internet. Deshalb gehört WhatsApp auch in die Gruppe der **Instant Messenger** wie z. B. ICQ, MSN oder Skype. WhatsApp ist in sehr vielen Sprachen erhältlich. Die Bedienung ist einfach und das Menü sehr übersichtlich. In der Hauptansicht sind alle Konversationen aufgelistet, die man mit einzelnen Personen oder einer Gruppe ausübt. Diese kann man dann ganz einfach öffnen und dann kann man sofort lostippen. Bei WhatsApp kann man sehr lange Nachrichten schreiben. Es gibt keine Begrenzung auf 160 Zeichen wie bei einer SMS. Zudem kann man ganz einfach Bilder, Sprach- und Videonachrichten versenden.

Wirklich umsonst?

Im ersten Jahr ist die Nutzung kostenlos. Ab dem zweiten Jahr muss man eine Gebühr bezahlen. Das Versenden von Nachrichten ist kostenlos, weil die Nachrichten über das Internet versendet werden. Auf diese Art entstehen nur Kosten für die Internetnutzung, wenn man keine Flatrate hat oder sich nicht in einem **W-Lan-Netz** befindet. Besonders ohne Internet-Flatrate sollte man immer wieder überprüfen, wie viel **Datenvolumen** man schon verbraucht hat, sonst kann es auch durch WhatsApp zu unangenehmen Kostenüberraschungen kommen. […]

Wer liest alles mit? Problematischer Datenschutz

In der Vergangenheit hatte WhatsApp große Verschlüsselungsprobleme, da die Nachrichten zu Beginn völlig unverschlüsselt übertragen wurden. Mittlerweile gibt es eine Verschlüsselung, die allerdings nicht ausreichend zu sein scheint. Immer wieder landen Informationen aus WhatsApp im Internet und ermöglichen es Fremden, die Nachrichten mitzulesen. […]

Man muss auch wissen, dass man mit der **Installation** WhatsApp den Zugriff auf alle gespeicherten Informationen im Handy-Adressbuch gestattet. Alle Telefonnummern werden regelmäßig an den WhatsApp-Server übertragen und dort gespeichert. Aus den übertragenen Nummern werden diejenigen herausgefiltert, die ebenfalls WhatsApp verwenden. So entstehen die persönlichen Kontaktlisten. Diese Übertragung lässt sich nicht unterdrücken. Die Anzeige der genauen Zeit, in der alle Freunde und auch man selbst zuletzt „online“ waren, kann man – je nach Einstellung – anzeigen oder unterdrücken. Das führt zu einer ständigen Kontrolle.

Vorsicht geboten: Gehackte Accounts und Cybermobbing

Es kommt auch vor, dass **Accounts** gehackt werden und dann z. B. anzügliche Nachrichten im eigenen Namen an den gesamten Freundeskreis verschickt werden. Deshalb sollte man ausschließlich Texte, Fotos und auch Videos über WhatsApp verschicken, die prinzipiell wirklich jeder sehen darf. Jugendliche unter 16 Jahren [dürfen] WhatsApp gar nicht benutzen. So steht es […] in den Nutzungsbedingungen: „If you are under 16 years of age, you are not permitted to use the WhatsApp Service“. Trotzdem kann sich jeder ohne Altersabfrage die App herunterladen und installieren. […] Häufig kommt es bei WhatsApp auch zu Mobbingattacken, besonders in Gruppen-Chats, indem z. B. Hass-Gruppen gegen eine Person gebildet werden, Nachrichten über den Account einer Person verschickt werden oder auch bloßstellende Fotos einer Person versendet werden. **Mobbing** und auch **Cyber-Mobbing** sind Straftaten. Es gibt einige Gesetze, nach denen eine Anzeige erfolgen kann.

2 Wende nun die Technik des navigierenden Lesens an, um herauszufinden, in welchen Absätzen Tarek kritische Aussagen über WhatsApp findet. Überprüfe, ob sich deine Notizen zum Inhalt nach dem ersten Überfliegen hier bestätigen. Notiere deine Ergebnisse stichpunktartig in deinem Heft.

3 Kläre die Bedeutung der fettgedruckten Wörter mithilfe eines gedruckten Wörterbuchs oder eines digitalen Wörterbuchs. Notiere mindestens drei Wörter mit den entsprechenden Erläuterungen in deinem Heft. Entscheide dann, ob der Text danach leichter zu lesen ist. Begründe in deinem Heft deine Meinung in einem Satz.

4 Überprüfe, ob die folgenden Aussagen zutreffen, nicht zutreffen oder anhand des Textes nicht zu beantworten sind. Kreuze an.

	trifft zu	trifft nicht zu	keine Aussage möglich
Mit WhatsApp kann man Texte, Fotos und Videos an viele Menschen gleichzeitig verschicken.			
Die Nutzung von WhatsApp ist grundsätzlich umsonst.			
Mit dem Speichern von WhatsApp auf dem Handy erlaubt man den Zugriff auf seine gesamten Handydaten.			
WhatsApp kann von Menschen in jedem Alter genutzt werden.			
Wenn man WhatsApp benutzt, wird man besonders häufig Opfer von Cyber-Mobbing.			

5 Entscheide dich für zwei Abschnitte des Textes, in denen Tareks Vater die gewichtigsten Argumente gegen WhatsApp gefunden hat. Lies sie mit der Technik des selektiven Lesens noch einmal sorgfältig durch. Kläre die Bedeutung aller dir unbekannten Wörter. Formuliere dann in deinem Heft in eigenen Worten die vier wichtigsten Gründe, warum Tarek WhatsApp nicht nutzen sollte.

6 Beziehe selber Stellung zu den Argumenten des Artikels. Welche Gründe sind für dich überzeugend, welche nicht? Wähle eine der folgenden Aufgaben:

- Wähle einen Kritikpunkt aus Aufgabe 5, unterstreiche diesen und formuliere deine eigene Meinung dazu.
  Tipp für einen möglichen Satzanfang:
  Ich stimme dem Kritikpunkt zu/nicht zu, weil …
- Wähle zwei Kritikpunkte aus Aufgabe 5, unterstreiche diese und formuliere deine eigene Meinung dazu.
- Formuliere in deinem Heft einen Text, in dem du auf alle in Aufgabe 5 gefundenen Kritikpunkte eingehst.

7 Beschreibe in deinem Heft in eigenen Worten, was das folgende Diagramm aussagt. Gehe dabei auch auf mögliche rechtliche Probleme bei der Nutzung der verschiedenen Programme ein.

Nutzung der bekanntesten sozialen Netzwerke in einer fünften Klasse mit 30 Schülerinnen und Schülern:

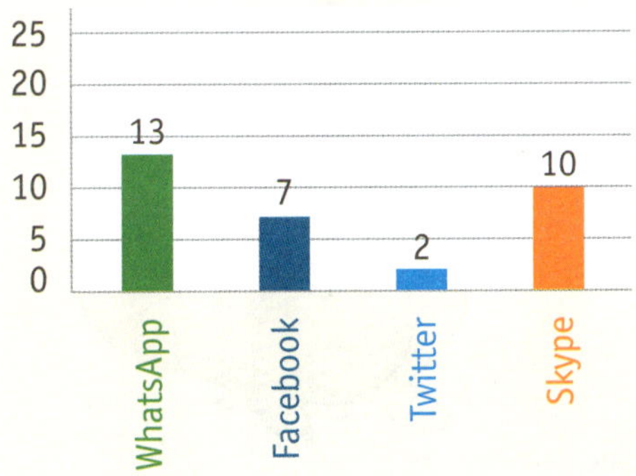

Erläuterung:

WhatsApp: ein Internetdienst zum Austauschen von Text- und Bildnachrichten, Mindestalter 16 Jahre

Twitter: ein Online-Tagebuch, in dem Organisationen oder Prominente kurze Textbeiträge für interessierte Nutzer („Follower") veröffentlichen

Facebook: eine Art Pinnwand im Internet, auf der sich Nutzer selbst darstellen und Informationen und Bilder mit Bekannten („Freunden") teilen können, Mindestalter 13 Jahre

Skype: ein Telefondienst übers Internet, Nutzungsvertrag kann erst ab 18 abgeschlossen werden

8 Überprüfe, ob die folgenden Aussagen zutreffen, nicht zutreffen oder anhand des Diagramms nicht zu beantworten sind. Kreuze an.

	trifft zu	trifft nicht zu	keine Aussage möglich
WhatsApp ist das beliebteste soziale Netzwerk in der Klasse.			
Ein Großteil der Schüler folgt beliebten Prominenten auf Twitter.			
Mehr Jungen als Mädchen nutzen das Internet.			
Facebook ist unter Kindern und Jugendlichen nicht mehr so beliebt wie noch vor wenigen Jahren.			
Mindestens 13 Schüler nutzen mindestens ein soziales Netzwerk.			
Mehr als die Hälfte der Klasse nutzt soziale Netzwerke.			

9 Führe nun eine Umfrage in deiner Klasse durch zum Thema „Wozu benutzt du dein Smartphone: Telefonieren mit Eltern oder Freunden, Informieren über Themen, die dich interessieren, oder zum Austausch in sozialen Medien?" Es sind auch Mehrfachnennungen möglich.
Wähle dann eine der folgenden Aufgaben:

- Befülle eine Tabelle wie in Aufgabe 8 mit Sätzen zum Ankreuzen, die Aufschluss über die Untersuchungsergebnisse deiner Klasse geben.
- Wähle eine eigene Darstellungsform für die Untersuchungsergebnisse.
- Stelle die Untersuchungsergebnisse in einem informierenden Text dar.

Gattungen literarischer Texte erkennen

1 Die Schülerinnen und Schüler aus Jakobs Klasse bringen in den Deutschunterricht Texte mit, die sie gerne lesen. Lies die Textauszüge genau durch. Entscheide und begründe in deinem Heft, um welche Textart es sich deiner Meinung nach jeweils handelt.

A Brüderchen und Schwesterchen hatten es schwer bei der bösen Stiefmutter. Deshalb liefen sie eines Tages von zu Hause weg. Abends kamen sie in einen Wald, wo sie die Nacht verbrachten. Am anderen Morgen hatte das Brüderchen großen Durst. Sie suchten nach einem Brunnen. Aber die Stiefmutter, die eine Hexe war, hatte alle Brunnen im Wald verwünscht.

Brüderchen und Schwesterchen fanden den Brunnen. Er sprach zu ihnen: „Wer aus mir trinkt, wird ein Reh.“ „Trink nicht“, bat das Schwesterchen. „Wenn du ein Reh bist, läufst du mir fort.“ Aber das Brüderchen hörte nicht auf sein Schwesterchen. Nach den ersten Tropfen geschah es. Das Brüderchen wurde in ein Reh verwandelt.

B *Regina Schwarz*
Mein Vater

Er bindet mir die Schuhe zu,
er spielt mit mir gern Blinde Kuh,
er macht mir für mein Kuscheltier
einen Hut aus Glanzpapier,
er nimmt mich in den Arm,
hab' ich mir wehgetan.

C *(Vor der Wolfshöhle. Zwei Wölfe liegen auf der Lauer. Plötzlich springt Mutter Wolf auf und spitzt die Ohren. Vater Wolf tut es ihr gleich. Dann hört man das ärgerliche Gebrüll eines Tigers, der seine Beute verfehlt hat.)*

VATER WOLF: So ein Narr – die Nacht mit solch einem Lärm anzufangen! Glaubt er etwa, dass unsere Beute genauso blöde ist wie seine fetten Ochsen?

MUTTER WOLF: Psst. Er ist weder hinter Eseln noch hinter Ochsen her … es sind Menschen. Er jagt Menschen!

(Tigergebrüll)

VATER WOLF: Und das obwohl es das Gesetz des Dschungels ausdrücklich verbietet, da die verwöhnten Menschen die schwächsten und wehrlosesten aller Geschöpfe sind? Wie unsportlich!

D *Paul Maar*
In der neuen Klasse

Nun ist Robert schon drei Wochen in der neuen Klasse. Aber Freunde hat er immer noch nicht. Manche aus seiner Klasse kann er gut leiden. Aber die haben schon alle einen Freund. Am besten gefällt ihm die Simone aus der zweiten Bank. Simone hat kurze dunkle Haare. […]

Aber Simone ist ausgerechnet mit Frank befreundet. Und den kann Robert überhaupt nicht leiden. Frank ist der Stärkste aus der Klasse. Das will er jeden Tag beweisen. Außerdem ist er ein Angeber. Robert kann gar nicht verstehen, was Simone an Frank findet. In der großen Pause, als Frank gerade mit Jürgen rauft, geht Robert zu Simone. Sie steht am Zaun und isst ihr Pausenbrot. „Was meinst du, wer gewinnt?“, fragt Robert. „Frank oder Jürgen?“ „Ist mir doch egal“, sagt Simone.

Märchen verstehen und verfassen

1 Paula liebt Märchen. Ihr ist aufgefallen, dass viele Märchen ähnlich sind:

> Ein **Märchen** ist wie eine gefährliche Reise. Die Hauptfigur muss ihre Heimat verlassen, weil es ihr schlecht geht. Sie zieht aus und kommt ins wundersame „Märchenland". Dort muss sie eine Aufgabe lösen oder sich bewähren. Nachdem dies mit Mut, List oder auch einem Zaubermittel gelungen ist, wird sie reich belohnt und kehrt angesehen wieder heim.

Überprüfe, welche der von Paula angegebenen Handlungsstufen auf die unten angegebenen Märchen zutreffen. Wo weichen die Märchen ab? Beantworte dazu in deinem Heft an jeder der Stationen der Reise die dazugehörigen Fragen.

Hänsel und Gretel | Schneewittchen | Aschenputtel | Dornröschen | Rotkäppchen | Die Bremer Stadtmusikanten | Die Sterntaler | Der gestiefelte Kater

START:
Warum muss die Hauptfigur ihre Heimat verlassen?

Wohin geht sie?

Was ist das Besondere an diesem Ort?

Muss sie sich bewähren? Gegen wen?

Wie gelingt die Bewährung?

Worin besteht die Belohnung?

Kehrt sie zurück?

2 Tausche dich mit einem Lernpartner darüber aus, ob es Märchen gibt, die nicht diesem Handlungsverlauf entsprechen. Halte die Ergebnisse stichpunktartig fest.

____

____

____

3 Ein Erzählspiel: Märchen würfeln. Weil Märchen oft ähnlich aufgebaut sind, kannst du dein eigenes Märchen schreiben. Würfle **Hauptfiguren**, den **Grund** für die Märchenreise, **Märchenort**, **Bewährung** und **Zaubermittel**. Die Belohnung denkst du dir selber aus.

Hauptfigur:

1. Ein armer Schneider
2. Ein Geschwisterpaar
3. Die jüngste Tochter
4. Der (scheinbar) dumme Sohn
5. Ein Mädchen, das seinen alten Hund retten will
6. Ein hässliches Kind

Grund für die Reise:

1. Es ist kein Geld mehr im Haus.
2. Böse Geschwister verbreiten Lügen über die Hauptfigur.
3. Das Haus ist abgebrannt.
4. Eine alte Hexe hat die Hauptfigur verflucht.
5. Die Hauptfigur hat sich auf dem Heimweg verirrt.
6. Die Hauptfigur hat etwas falsch gemacht und schämt sich.

Handlungsort:

1. Der finstere Märchenwald
2. Eine düstere Burgruine
3. Der Turm des Zauberers
4. Eine Höhle, die tief in die Erde führt
5. Ein gläserner Berg
6. Eine einsame Insel im Feensee

Bewährung:

1. Zwei Riesen besiegen
2. Ein Einhorn fangen
3. Dem Zwergenkönig den Schatz stehlen
4. Einen verzauberten Prinzen erlösen
5. Eine Prinzessin befreien
6. Eine Räuberbande fangen

Zaubermittel:

1. Ein Ring, der unsichtbar macht
2. Ein verzaubertes Schwert
3. Ein geheimnisvoller Schlüssel
4. Ein Knüppel aus dem Sack
5. Ein sprechender und sehr kluger Rabe
6. Ein Zauberhut, der dir immer die Wahrheit zuflüstert

Fabeln verstehen und verfassen

Martin Luther
Stadtmaus und Feldmaus

Eine Stadtmaus ging spazieren und kam zu einer Feldmaus. Diese aß sich satt an Eicheln, Gerste, Nüssen und was sie sonst finden konnte.

Aber die Stadtmaus sprach: „Warum willst du hier in Armut leben! Komm mit mir, ich will dir und mir köstliche Speisen im Überfluss herbeischaffen."

Die Feldmaus ging mit ihr in ein prachtvolles Haus, in dem die Stadtmaus wohnte, und sie gingen in die Speisekammer, die voll war mit Fleisch, Speck, Würsten, Brot, Käse und allem, was man sich wünschen konnte. Da sprach die Stadtmaus: „Nun iss und sei guter Dinge. Solche Speise habe ich täglich mehr als genug."

Da kam der Koch und lärmte mit den Schlüsseln an der Tür. Die Mäuse erschraken und liefen davon. Die Stadtmaus fand bald ihr Loch, aber die Feldmaus wusste nicht wohin, lief die Wand auf und ab und gab schon ihr Leben verloren.

Als der Koch wieder hinausgegangen war, sprach die Stadtmaus: „Nun sind wir sicher, lass uns guter Dinge sein."

Die Feldmaus aber antwortete: „Du hast gut reden! Du wusstest genau, wo dein Loch ist, während ich schier vor Angst gestorben bin. Ich will dir sagen, was meine Meinung ist: Bleib du eine Stadtmaus und friss Würste und Speck, ich will ein armes Feldmäuslein bleiben und meine Eicheln essen. Du bist keinen Augenblick sicher vor dem Koch, vor den Katzen, vor so vielen Mäusefallen, und das ganze Haus ist dir feindlich gesinnt. Von alldem bin ich frei und bin sicher in meinem armen Feldlöchlein."

Wer reich ist, hat viel Sorge.

1 Markiere mit zwei verschiedenen Farben, was du über die Lebensweisen und Eigenschaften von Stadtmaus und Feldmaus erfährst. Halte deine Ergebnisse stichpunktartig in folgender Tabelle fest:

Stadtmaus	Feldmaus

2 Bei dem Text von Martin Luther handelt es sich um eine Fabel. Notiere hier drei Merkmale, durch die sich Fabeln von anderen Tiergeschichten unterscheiden.

3 Jede Fabel endet mit einer Lehre für den Leser. Wähle eine der folgenden Aufgaben. Arbeite in deinem Heft:

- „Wer reich ist, hat viele Sorgen." Diese Lehre passt gar nicht richtig gut zu der Geschichte. Begründe in einem Satz, warum das so ist.
- Schreibe eine Lehre, die aus deiner Sicht besser passt.
- Schreibe eine Lehre, die besser passt, und begründe, warum das so ist.

4 Jakob musste in der letzten Deutschstunde wegen eines Arzttermins früher gehen. So hat er die zweite Hälfte der folgenden Fabel von Fuchs und Storch nicht mitbekommen. Aber für einen Textdetektiv ist das kein Problem. Schreibe den Text in mindestens drei Sätzen zu Ende und verfasse natürlich auch eine Lehre für diese Fabel.

Aesop

Der Fuchs und der Storch

Ein Fuchs hatte einen Storch eingeladen, und setzte die leckersten Speisen vor, aber nur auf ganz flachen Tellern, aus denen der Storch mit seinem langen Schnabel nichts fressen konnte. Gierig fraß der Fuchs alles allein, obgleich er den Storch unaufhörlich bat, es sich doch schmecken zu lassen.

Der Storch fand sich betrogen, blieb aber heiter, lobte außerordentlich die Bewirtung und lud seinen Freund zu sich zum Essen ein. Der Fuchs ahnte wohl, dass der Storch sich rächen wollte, und wies die Einladung ab. Der Storch ließ aber nicht nach, ihn zu bitten, und der Fuchs willigte endlich ein.

Als er nun zum Storche kam, … ?

Gedichte verstehen und weiterschreiben

1 Paula hat herausgefunden, dass Christian Morgenstern skurrile und auch lustige Gedichte veröffentlicht hat. Besonders gefallen ihr seine Fantasietiere, wie der Werwolf, die Mitternachtsmaus, das Mondschaf und vor allem der Nachtschelm und das Siebenschwein. Übe einen gekonnten Vortrag oder eine Lesung des folgenden Gedichtes ein.

Christian Morgenstern
Der Nachtschelm und das Siebenschwein
oder
Eine glückliche Ehe

Der Nachtschelm und das Siebenschwein,
die gingen eine Ehe ein,
o wehe!
Sie hatten dreizehn Kinder, und
davon war eins der Schluchtenhund,
zwei andre waren Rehe.

Das vierte war die Rabenmaus,
das fünfte war ein Schneck samt Haus,
o Wunder!
Das sechste war ein Käuzelein,
das siebte war ein Siebenschwein
und lebte in Burgunder.

Acht war ein Gürteltier nebst Gurt,
neun starb sofort nach der Geburt,
o wehe!
Von zehn bis dreizehn ist nicht klar; –
doch wie dem auch gewesen war,
es war eine glückliche Ehe!

2 Wie ein Nachtschelm und ein Siebenschwein aussehen könnten, zeigen dir die Illustrationen. Kannst du dir vorstellen, wie der Schluchtenhund oder die Rabenmaus aussehen? Dann male eine dieser Fantasiegestalten in dein Heft.

3 Wie viele Strophen hat das Gedicht? Wie viele Verse? Antworte in einem Satz.

____

____

4 Markiere im Gedicht am Versende mit jeweils demselben Kleinbuchstaben die Wörter, die sich reimen.

5 Das Reimschema dieser Strophen – man nennt es „Schweifreim" – kennst du noch nicht. Aber du kannst es beschreiben, indem du die bereits bekannten Fachbegriffe aus dem Speicher verwendest. Vervollständige damit den Satz. Achtung: Du musst aus den Vorgaben im Speicher die richtigen Lösungen finden.

Jede Strophe in dem Gedicht „Der Nachtschelm und das Siebenschwein" beginnt mit einem ______________, der aus ______________ Versen besteht, und endet mit einem ______________, der aus ______________ Versen besteht. So entsteht der Schweifreim.

Wortspeicher
umarmender Reim – Kreuzreim – Paarreim – sechs – zwei – vier

6 Paula findet, dass das Gedicht noch nicht fertig ist, da man ja nicht erfährt, worum es sich bei den letzten Kindern handelt. Was meinst du dazu? Begründe deine Meinung.

____

____

____

7 Sei nun selbst kreativ und wähle dafür eine der folgenden Aufgaben. Arbeite in deinem Heft:

- Schreibe eine Strophe in Morgensterns Stil über die Kinder zehn bis dreizehn. Wähle dazu eines der folgenden Tiere aus oder verbinde zwei Tiere zu einem Fabelwesen. Beginne deine Strophe mit: **„Am Schluss kamen vier …"**.
- Schreibe ein eigenes Gedicht über zwei Lebe- oder Fantasiewesen deiner Wahl. Du kannst das Reimschema komplett selbst wählen.
- Schreibe ein eigenes Gedicht über zwei Lebe- oder Fantasiewesen deiner Wahl. Verwende ebenfalls den Schweifreim als Reimschema.

Tierspeicher
Nashorn – Elefant – Mücke – Fliege – Einhorn – Kamel – Aal – Forelle – Pferd

Texte in Szene setzen

Ernst Jandl
Fünfter sein

Tür auf,
einer raus, einer rein.
Vierter sein.

Tür auf,
einer raus, einer rein.
Dritter sein.

Tür auf,
einer raus einer rein.
Zweiter sein.

Tür auf,
einer raus, einer rein.
Nächster sein.

Tür auf,
einer raus, selber rein.
Tag, Herr Doktor!

1 Ein merkwürdiger Text. Erkläre in eigenen Worten, was hier geschieht.

2 „Ist das jetzt ein Gedicht oder eine Erzählung? Eine Szene, die man spielen kann, ist das jedenfalls nicht!" Was meinst du? Begründe deine Meinung.

____

____

3 Auch wenn „Fünfter sein" kein dialogischer Text ist, kann man ihn doch als Pantomime spielen. Du sollst die Aufführung in der Klasse vorbereiten. Bearbeite dafür ■ zwei / ■ drei / ■ vier der folgenden Aufgaben in deinem Heft:

- Wie viele Rollen hat der Text? Kann man die Szene auch zu dritt oder zu viert spielen? Erläutere deine Meinung.
- Überlege, welche Krankheiten die sechs Patienten haben könnten und wie du diese am besten darstellen kannst. Wie geht es ihnen beim Verlassen des Arztzimmers? Konnte der Doktor ihnen helfen oder müssen sie noch weiter leiden?
- Nicht ganz einfach ist die Darstellung einer Tür. Man kann natürlich die Schauspieler eine eingebildete Türklinke herunterdrücken lassen, aber da fallen dir sicher noch bessere Lösungen ein. Notiere Vorschläge für diese Frage.
- Zum Schluss stellt sich die Frage, wie Jandls Text in die Szene eingebaut wird. Entscheide dich und begründe: Soll man den Text dazu vortragen: Ja oder nein? Wenn ja, gibt es einen Sprecher oder mehrere?

Vielleicht führt ihr die Szene ja in der Klasse auf. Dabei könnt ihr beobachten, welche Unterschiede die verschiedenen Aufführungen zeigen.

Merkmale von Textarten kennen und Texte lesen, erschließen und verstehen

1 Erschließe den nachfolgenden Text mithilfe passender Lesetechniken. Auf den Schreibzeilen findest du Platz für deine Notizen.

Überschrift: ____________________

Die Tierschutzorganisation VIER PFOTEN hat ein neues Projekt gestartet. Es soll den Gesundheitszustand der Pferde und Esel sowie ihrer Arbeitsbedingungen in Jordanien verbessern.
Von Solvejg Hoffmann

1350 Esel und Pferde arbeiten in der verlassenen Felsenstadt Petra, einer berühmten Sehenswürdigkeit in Jordanien. Die Tiere sind fester Bestandteil des Tourismusgeschäfts in der Region. Doch sie werden unter tierschutzwidrigen Bedingungen gehalten und müssen die Besucher auf ihrem Rücken oder in einer Kutsche befördern. Oft sind die Lasten, die sie tragen oder ziehen müssen, viel zu schwer für die Tiere. Vielen Eseln und Pferden mangelt es außerdem an ausreichenden Pausen oder sie werden nicht regelmäßig gefüttert und medizinisch versorgt.

Die Tierschutzorganisation VIER PFOTEN hat daher, gemeinsam mit der Princess Alia Foundation (PAF) und der Tourismusbehörde von Petra (PDTRA), ein neues Projekt ins Leben gerufen. Die beiden Organisationen möchten zusammen mit der Tourismusbehörde in Jordanien die Situation der Tiere verbessern.

„Wir bauen Stallungen und Abwasserleitungen und modernisieren die Tierklinik in Petra. Wir beschaffen zum Beispiel fehlende Medikamente und tiermedizinische Geräte. Außerdem schulen wir die örtlichen Tierärzte, Hufschmiede und die Besitzer der Tiere“, erklärt Robert Hengl, Projektleiter von VIER PFOTEN.

Robert Hengl und sein Team verarzten derzeit, gemeinsam mit zwei Tierärzten der örtlichen Pferdeklinik, verletzte und kranke Tiere. Die meisten vierbeinigen Patienten leiden unter schmerzhaften Verletzungen an den Beinen. Im Frühsommer werden die neuen Ställe fertig sein. Dann haben alle arbeitenden Pferde und Esel genug frisches Wasser zum Trinken, sie können abgeduscht werden oder sich im Schatten ausruhen.

In den folgenden Jahren wollen Mitarbeiter der Organisationen die Tiere regelmäßig medizinisch betreuen und auch ihre Besitzer weiterbilden. „Nur ein Halter, der seine Tiere und deren Bedürfnisse genau kennt, kann sie optimal versorgen“, meint Robert Hengl. Tierhilfe ist auch Menschenhilfe: Hilfe für die Tiere bedeutet gleichzeitig auch Hilfe für ihre Besitzer, denn die verdienen mit den Tieren ihr Geld. Ein einziges Tier kann bis zu sechs Menschen ernähren.

Die Tierschutzstiftung VIER PFOTEN wurde 1988 in Wien gegründet und setzt sich ein, damit Menschen Tieren mit Respekt, Mitgefühl und Verständnis begegnen. Mit nachhaltigen Kampagnen fordert die Stiftung artgemäße Lebensbedingungen für Nutz-, Heim- und Wildtiere.

2 Begründe durch Nennung von zwei konkreten Textmerkmalen, um welche Textart es sich hier handelt.

Textart: ______________________

Zutreffende Textmerkmale: ______________________

3 Überprüfe die Aussagen A bis G anhand des Textes und kreuze das Zutreffende an. Formuliere für alle falschen Aussagen konkrete Vorschläge in deinem Heft, sodass diese Aussagen einen Textinhalt auch richtig wiedergeben.

A Mit ihrem neuen Projekt will die Tierschutzorganisation VIER PFOTEN die Arbeitsbedingungen von Eseln und Pferden in Athen verbessern.

○ richtig ○ falsch ○ Aussage nicht im Text enthalten

B 1350 Esel und Pferde werden in Petra dazu genutzt, Touristen zu befördern.

○ richtig ○ falsch ○ Aussage nicht im Text enthalten

C Die Tierschutzorganisation baut unter anderem Stallungen und Abwasserleitungen.

○ richtig ○ falsch ○ Aussage nicht im Text enthalten

D Der Projektleiter von VIER PFOTEN ist Rudolf Hangel.

○ richtig ○ falsch ○ Aussage nicht im Text enthalten

E Viele Esel und Pferde haben schmerzhafte Verletzungen an den Beinen.

○ richtig ○ falsch ○ Aussage nicht im Text enthalten

F Ovidiu Rosa arbeitet als Tierarzt für VIER PFOTEN.

○ richtig ○ falsch ○ Aussage nicht im Text enthalten

G In den folgenden Jahren will VIER PFOTEN auch in Deutschland und Spanien tätig werden.

○ richtig ○ falsch ○ Aussage nicht im Text enthalten

4 Einer der folgenden Vorschläge verdeutlicht am besten, worum es der Tierschutzorganisation VIER PFOTEN geht. Kreuze den entsprechenden Vorschlag an.

○ Die Mitarbeiter von VIER PFOTEN wollen möglichst viele Tierkliniken bauen.
○ Die Mitarbeiter von VIER PFOTEN wollen ausschließlich Tieren helfen.
○ Die Mitarbeiter von VIER PFOTEN wollen die Arbeitsbedingungen für Nutztiere verbessern und sich um deren medizinische Versorgung kümmern.

5 „Tierhilfe ist auch Menschenhilfe." Begründe diese Aussage; nutze dafür Informationen aus dem Text.

6 Formuliere eine passende Überschrift für den Text und trage diese auf der freien Schreibzeile über dem Text ein.

7 Lies den folgenden Textauszug erst still durch und bereite dann einen guten Vortrag vor.

Eine Schemengestalt

Hier ist eine Geschichte, ein unglaubliches Stück.
Bevor es losgeht, lehn dich zurück.

Hol dir 'ne Decke,
ein kuschliges Kissen.
Mach's dir bequem.
Den Kakao nicht vergessen?

Ich warn' dich natürlich, bevor wir beginnen:
Grusel und Spannung werden hier walten,
Gefahr und Schrecken und knappes Entrinnen,
böse Geschöpfe, Horrorgestalten.
Drachen und Monster, üble Gorgonen,
Wesen, bei denen der Mutigste zuckt.
Entlegene Orte, wo Schurken wohnen.
(Häuser, vor denen der Atem dir stockt.)

Drum fass dir ein Herz, nimm all deinen Mut.
Die Geschichte beginnt, sei auf der Hut …

U-Bahn-Station: Hier geht es los,
Menschengedränge, manch rüpelnder Stoß.
Sie warten in Eile auf ihren Zug.
Zu spät zu kommen wäre nicht klug.

Doch der Zug, wo bleibt er – wie immer verspätet.
Die Massen gepfercht auf dem Bahnsteig stehn.
Wenn er nur käme, man wäre gerettet
und müsste nicht dauernd zur Bahnhofsuhr sehn.

Umklammert hält jeder Tasche und Geld
aus Angst vor den Dieben der Unterwelt.
Wenn doch endlich die nächste U-Bahn hielte
und alle hinein in die Wagen spülte!

Ein kleines Mädchen war auch zur Stell',
ein Mädchen mit Namen
Katrina Katrell.

8 Um welche Textart handelt es sich hier? Begründe mithilfe von Textbeispielen in mindestens drei Sätzen, warum diese Frage nicht so leicht zu beantworten ist.

9 Formuliere eine Vermutung, wie die „Geschichte" weitergehen könnte.

Schreiben

So schreibst zu erzählende Texte:

Erzählungen wollen den Leser unterhalten. Das gilt für erlebte, erfundene, fantastische oder an Bildern orientierten Geschichten. Sie können als eigenes Erlebnis (Ich-Erzählung) oder in der dritten Person (Er-Erzählung) geschrieben sein. Beim Schreiben nach einem literarischen Vorbild müssen die Merkmale des Vorbilds (Erzählung, Märchen ...) beachtet werden.
Beim Um- und Weiterschreiben müssen die Texterweiterungen zum Inhalt und zur Sprache der Vorlage passen. Die Ausführungen schließen an den Handlungsverlauf, also an das Handeln und Verhalten der Figuren, an.

Der Schreibplan:	Aufbau und Gliederung:	Die sprachliche Gestaltung:
Vor der Niederschrift werden Aufbau und Handlungsverlauf in einem Schreibplan festgehalten, in dem der Höhepunkt oder mehrere Höhepunkte gekennzeichnet wird/werden.	• In der Erzählsituation werden die W-Fragen (Wer? Wo? Was? Wann?) beantwortet und das Interesse des Lesers geweckt. • Im Ereignis wird die Spannung schrittweise bis zum Höhepunkt/den Höhepunkten der Geschichte gesteigert. • Im Ausgang wird das Ende der Geschichte und/oder ihre Folgen dargestellt.	• Wörtliche Rede macht die Geschichte lebendiger. Die Situation wird anschaulich, wenn erzählt wird, was die Personen denken und fühlen („innere Handlung"). • Passende Adjektive und abwechslungsreiche Verben machen die Erzählung interessanter und die „äußere Handlung", also das, was die Figuren tun, sagen und was sichtbar ist, ausdrucksstärker. • Die Erzählzeit ist in der schriftlichen Erzählung das Präteritum. Für Geschehen, die vor dem Erzählten passiert sind, wählt man das Plusquamperfekt.

So äußerst du Meinungen und Wünsche und begründest sie:

Wenn du deine Meinung zu einem Sachverhalt, einer Frage oder einem Problem äußerst, führst du dafür in der Regel Begründungen an. Egal, ob du das in mündlicher oder in schriftlicher Form tust, sollten diese Begründungen sachlich und überzeugend sein.

- Wenn du mündlich argumentierst, solltest du darauf achten, dass du die Regeln einer guten Gesprächsführung einhältst, also immer sachlich und höflich bleibst. Gefühlsäußerungen solltest du vermeiden.
- Wenn du ein Anliegen schriftlich begründest – zum Beispiel in einem sachlichen Brief – solltest du vorher einen Schreibplan anfertigen und deine Gründe in sinnvoller Reihenfolge planen; beende den Text/deine Äußerung mit deinem wichtigsten Grund.

Versuche immer, auf die Meinung deines Gesprächspartners oder des Adressaten deiner schriftlichen Begründung einzugehen.

So beschreibst du Personen und Vorgänge:

Bei einer Beschreibung ist besonders wichtig, dass die einzelnen Schritte eines Vorgangs in der richtigen zeitlichen Reihenfolge stehen oder dass bei Gegenständen und Personen die räumliche Anordnung der einzelnen Informationen geordnet wiedergegeben wird.

Der Schreibplan:	Aufbau und Gliederung:	Die sprachliche Gestaltung:
• Vor der Niederschrift werden die genauen Inhalte und ihre Reihenfolge in einem Schreibplan festgehalten. • Bei Personenbeschreibungen ist es sinnvoll, vom Allgemeinen zum Besonderen zu beschreiben. • Bei Vorgängen ist die chronologische Reihenfolge sinnvoll.	• In der Einleitung erfolgt eine kurze Information darüber, was oder wer beschrieben wird. Eventuell wird der Zweck der Beschreibung angegeben. • Im Hauptteil werden die Merkmale der Person oder die Einzelheiten des Vorgangs benannt und beschrieben. Dabei ist eine sinnvolle Abfolge der Informationen wichtig. • Im Schluss werden die Informationen und die Besonderheiten noch einmal zusammengefasst und dabei der Anlass der Information oder die Folgen des Geschehens berücksichtigt.	• Eine Beschreibung bleibt sachlich und muss zugleich anschaulich sein, da der Leser eine möglichst genaue Vorstellung der Person/vom Ablauf bekommen soll. • Die Verwendung von Fachbegriffen, passenden Adjektiven und treffenden Überleitungen hilft dabei. • Beschreibungen werden im Präsens verfasst.

So berichtest du über Ereignisse:

Bei einem Bericht kommt es darauf an, Informationen über ein bestimmtes Ereignis möglichst knapp und sachlich wiederzugeben. Geschehen und Abläufe müssen in der richtigen zeitlichen Reihenfolge aufgeführt werden. Persönliche Gefühle oder Bewertungen gehören nicht in einen Bericht.

Der Schreibplan:	Die Informationen und der Aufbau eines Berichts:	Die sprachliche Gestaltung:
• Vor der Niederschrift werden die genauen Inhalte und ihre Reihenfolge in einem Schreibplan festgehalten. • Bei Berichten ist es sinnvoll, in chronologischer Reihenfolge zu berichten.	Die Einleitung beantwortet in der Regel folgende Fragen: • Was ist geschehen? • Wann und wo ist es geschehen? Der Hauptteil enthält in der Regel folgende Informationen: • Wie hat es sich genau zugetragen? • Wer hat etwas getan und wer hat es gesehen/gehört? • Warum ist es geschehen? Der Schluss beantwortet meist die Frage: • Welche Folgen haben sich aus dem Geschehen ergeben?	• Ein Bericht wird knapp und sachlich verfasst. Dennoch muss der Leser eine möglichst genaue Vorstellung vom Ablauf des Geschehens bekommen. • Mithilfe abwechslungsreicher temporaler Fügungen stellst du den chronolgischen Ablauf dar *(dann, nach kurzer Zeit, nach einigen Minuten/Augenblicken, wenig später, ohne Pause …)*. • Berichte werden im Präteritum verfasst.

Sprachgebrauch und Sprache untersuchen und reflektieren

Das weißt du über Wortschatz und Wortbedeutung:

Wörter, die zu einem gemeinsamen Oberbegriff gehören, kann man in einem Wortfeld sammeln. Zum Wortfeld *Schule* (= Oberbegriff) gehören z. B. *Schüler, Lehrer, lernen, Pause, Tafel, Klingel, Hausaufgaben, Ferien, lesen* (= Unterbegriffe).

Als Synonyme bezeichnet man unterschiedliche Wörter, die einen ähnlichen Inhalt bezeichnen: z. B. *Geschenk – Mitbringsel*.

Antonyme sind Wörter, die das Gegenteil bedeuten, z. B. *groß – klein*.

Homonyme sind Wörter, die gleich geschrieben und gesprochen werden, aber unterschiedliche Bedeutung haben (*Bank:* Geldinstitut – Sitzgelegenheit).

Zu einer Wortfamilie gehören alle Wörter, die auf einen gemeinsamen Stamm zurückgehen: z. B. *Stamm, abstammen, stämmig*. Wörter werden durch Zusammensetzung und Ableitung neu gebildet. Bei der Ableitung wird an einen Wortstamm eine Vorsilbe (ein Präfix) oder eine Nachsilbe (ein Suffix) angehängt *(verarbeiten, arbeitsam)*. Bei der Zusammensetzung (Kompositum) werden Wörter oder Wortstämme zusammengefügt. Der erste Teil einer Zusammensetzung heißt Bestimmungswort *(Spielfeld)*, der letzte Teil heißt Grundwort *(Spielfeld)*.

Das weißt du über Wortarten:

Nomen bezeichnen Lebewesen und Dinge (Konkreta), Gedanken, Gefühle und Zustände (Abstrakta). Oft steht vor Nomen ein Artikel (bestimmt: *der, die, das* – unbestimmt: *ein, eine*), der das grammatische Geschlecht (Genus) – maskulinum (männlich), femininum (weiblich), neutrum (sächlich) – anzeigt. Nomen kommen im Singular (Einzahl) und im Plural (Mehrzahl) vor. Nomen stehen in einem von vier Kasus (Fällen): Nominativ (1. Fall), Genitiv (2. Fall), Dativ (3. Fall) und Akkusativ (4. Fall).

Adjektive beschreiben Dinge, Lebewesen und Gefühle genauer. Adjektive, die direkt bei einem Nomen stehen und dieses näher bestimmen, werden ebenso wie das Nomen dekliniert: *des schönen Kindes.* Darüber hinaus können sie gesteigert werden: *das größere Eis.*

Verben sind die Träger der „Satzaussage" (Prädikat). Sie drücken eine Tätigkeit *(stricken)*, einen Zustand *(liegen)* oder einen Vorgang *(abstürzen)* aus. Jeder vollständige Satz enthält ein Verb.

Verben kommen in unterschiedlichen Formen vor: Grundform (Infinitiv): *schreiben* → konjugierte (gebeugte) Form = Personalform: *du schreibst …*
Mit dem Verb werden verschiedene Zeitformen gebildet:

Plusquamperfekt		Präteritum		Perfekt		Präsens		Futur I		Futur II
war gegangen	→	*ging*	→	*ist gegangen*	→	*geht*	→	*wird gehen*	→	*wird gegangen sein*

Personalpronomen *(ich, du, er, sie, ihm …)* stehen stellvertretend für Nomen und werden wie diese gebeugt. Zur Gruppe der Pronomen gehören auch die Possessivpronomen *(mein, dein, unser, ihres …)*.

Präpositionen setzen Dinge zueinander in Verhältnis, z. B. räumlich (*in, an, unter …*) oder zeitlich (*vor, nach …*). Sie ziehen in der Regel einen bestimmten Fall des nachfolgenden Nomens nach sich.

Konjunktionen und Subjunktionen verbinden Wörter, Wortgruppen und Hauptsätze (*und, aber, oder…* = Konjunktionen) oder Haupt- und Nebensätze (*obwohl, weil, wenn …* = Subjunktionen).

Adverbien geben Auskunft über die näheren Umstände (lokal: *rechts, dort, hier …*; temporal: *immer, meistens, vorgestern …*; modal: *so, gern, leider …*; kausal: *deshalb, trotzdem …*), unter denen etwas geschieht. Sie sind nicht flektierbar (veränderbar), also auch nicht steigerbar.

Mit Numeralien kann man Nomen zählen. Man unterscheidet Kardinalzahlen (Grundzahlen: *eins, zehn, hundert …*), Ordinalzahlen (Ordnungszahlen: *der zweite Mann*) und unbestimmte Zahlwörter (*viele Fragen, manches Mal, einige Probleme …*).

Das weißt du über Satzarten:

Verschiedene Redeabsichten können mit verschiedenen Satzarten ausgedrückt werden.

- Aussagesatz: *Claudia geht ins Kino.*
- Fragesatz: Ergänzungsfrage (immer mit Fragewort eingeleitet) *Wer bist du?* oder Entscheidungsfrage (kann mit *ja* oder *nein* beantwortet werden) *Kommst du heute zu mir?*
- Ausrufe- und Aufforderungssatz: *Komm nicht so spät nach Hause!*

Ein Hauptsatz ist ein eigenständiger Satz und kann alleine stehen. Zwischen Hauptsätzen steht ein Komma, wenn sie nicht durch *und / oder* verbunden sind: *Draußen scheint die Sonne, wir gehen schwimmen. Draußen scheint die Sonne und wir gehen schwimmen.*
Nebensätze sind abhängige Sätze und können in der Regel nicht alleine stehen. Nebensätze werden meist durch eine Subjunktion eingeleitet und das Prädikat steht am Ende: *Obwohl die Sonne **scheint**, bleiben wir im Haus. Wir bleiben im Haus, obwohl die Sonne **scheint**.*

Das weißt du über Satzglieder:

Die Gliederungseinheiten eines Satzes sind die Satzglieder. Sie können aus einem Wort, aber auch aus einer Wortgruppe bestehen. Man kann sie im Satz verschieben, ohne dass der Satz falsch wird (Umstellprobe): *Anna und ich sitzen im Bus nebeneinander. Im Bus sitzen Anna und ich nebeneinander.*

Die Satzglieder sind also jeweils als ganze Wortgruppe umstellbar und sie sind auch ersetzbar. Durch die Ersatzprobe lässt sich ebenfalls ermitteln, welche Wörter zusammen ein Satzglied bilden:

Mit guter Vorbereitung	*schafft*	*Paula*	*im nächsten Schuljahr*	*bessere Noten.*
So	*schafft*	*sie*	*dann*	*das / dieses.*

Versucht man, einzelne Wörter oder Wortgruppen eines Satzes wegzulassen, stellt man fest, dass das in machen Fällen geht und in anderen nicht, ohne dass der Satz sinnlos wird (Weglassprobe).

Im Satzkern aus Subjekt und Prädikat kann nichts weggelassen werden: ***Paula liest.*** Ein sinnvoller Satz besteht also mindestens aus Subjekt und Prädikat, diese bilden den Satzkern.

Objekte ergänzen den Satzkern. Adverbiale Bestimmungen sind Satzglieder, die angeben, *wann, wo, wie* oder *warum* etwas geschieht. Grammatisch sind sie in der Regel nicht notwendig.

Überblick über die Satzglieder							
Subjekt	**Prädikat**	**Objekte**		**adverbiale Bestimmungen**			
Wer? Was?	Was geschieht?	Wem?	Wen?/Was?	Wann?	Wo?	Wie?	Warum?
		Dativobjekt	**Akkusativobjekt**	**temporal**	**lokal**	**modal**	**kausal**
Peter	*gibt*	*seiner Mutter*	*das Buch*	*morgen.*			
Susanne	*wartet*				*vor dem Haus.*		
Wir	*kaufen*	*Ben*	*ein Geschenk*			*zusammen.*	
Toni	*mag*		*Petra*				*trotzdem.*

Diese Rechtschreibregeln kennst du:

Großschreibung: Die ersten Wörter in Überschriften (*Das fliegende Klassenzimmer*), Satzanfänge, Eigennamen (*Erich Kästner*), Nomen (*die Tasche, der Junge, das Auto*), Nominalisierungen (nach Artikel: *das Laufen*, unbestimmten Mengenangaben: *etwas Silbernes*, Adjektiven: *leckeres Essen*) und die Höflichkeitsanrede im Brief (*Ich danke Ihnen für Ihr Schreiben.*) schreibt man groß.

Gleich und ähnlich klingende Laute: Bei manchen Wörtern mit Lauten, die gleich klingen, aber unterschiedlich geschrieben werden, hilft es, vom Wortstamm abzuleiten: *Wände/Wand, Bäume/Baum, schnäuzen/Schnauze, aufwändig/Aufwand*. Bei Unklarheiten in der Schreibung des Auslautes kann das Verlängern des Wortes helfen: *Rad/Räder, Rat/raten, stark/stärker, rund/runder, Hieb/Hiebe.*

Kurze und lange Vokale: Vokale können lang oder kurz ausgesprochen werden. Meist werden die Langvokale ohne besonderes Längenkennzeichen geschrieben. Es folgt ein einfacher Konsonant (*tun, Gabel*). Viele Wörter mit langen Vokalen muss man nachschlagen und sich die Schreibung einprägen: *Vater, Gardine, Trost*. In anderen Fällen wird die Länge eines Vokals (Dehnung) wie folgt angezeigt: 1. durch einen Doppelvokal (nur bei a, e und o): *Paar, Beere, Boot;* 2. häufig durch h: *Reh, fahren;* 3. bei i oft durch das Anhängen von **e** (ie): *Tier.*
Nach einem kurzen, betont gesprochenen Vokal folgen in der Regel zwei Konsonanten oder der darauffolgende Konsonant wird verdoppelt:

- Derselbe Konsonant wird verdoppelt: *Butter, Wille, füllen, nett* ... *ck* und *tz* sind die Schreibweisen für die Verdopplung von *k* in *lecken* und *z* in *Satz*.
- Dem kurzen Vokal folgen zwei (auch drei) unterschiedliche Konsonanten: *Hilfe, Farbe, springen* ...

Schreibung der s-Laute: Der gesummte, stimmhafte s-Laut wird mit einfachem *-s* geschrieben: *Nase, Sonne, Reise*. Den stimmlosen, gezischten s-Laut schreibt man nach einem kurzen Vokal *-ss: Schuss, Nässe, essen, müssen, bisschen* ..., nach einem lang gesprochenen Vokal oder Diphthong (Doppellaut) mit *-ß: Straße, Maß, weißt*. Am Wortende schreibt man *-s*, wenn in der verlängerten Form ein stimmhaftes *-s* erklingt (*Glas* → *Gläser*). Wenn du kein stimmhaftes *-s* hörst, musst du diese Wörter lernen.

Das und dass: *Das* kann Artikel (*das Mädchen*) oder Demonstrativpronomen (*das Auto dort*) sein. Es kann dann durch *dieses, jenes, welches* ersetzt werden. *Dass* ist eine Subjunktion und kann niemals ersetzt werden: *Ich habe dir gesagt,* ***dass*** *du früher kommen sollst*. Es leitet immer einen Nebensatz ein.

Trennung eines Wortes am Zeilenende: Man trennt nach Sprechsilben: *Sil-ben-tren-nung, lie-gen.* Nicht immer sind die Sprechsilben deutlich erkennbar. Wenn mehrere Konsonanten im Wort aufeinandertreffen, wird nur der letzte in die neue Zeile genommen (*sin-gen, ras-ten, müs-sen*). Einzelne Vokale dürfen nicht abgetrennt werden (*~~A-bend~~, ~~ü-bel~~*).

Zeichensetzung: Ein Komma wird gesetzt, wenn gleichrangige Satzteile oder Sätze ohne *oder* oder *und* miteinander verbunden werden (*Fußball, Handball, Tennis sind beliebte Sportarten*).
Wörtliche Rede wird durch Anführungszeichen gekennzeichnet.
Dabei steht nach einleitendem Begleitsatz ein Doppelpunkt: *Er sagte: „Ich gehe jetzt."*

Ist der Begleitsatz eingeschoben oder nachgestellt, wird er durch Kommas abgetrennt: *„Ich muss heute noch", jammerte Ben, „mein Zimmer aufräumen."*

Fragezeichen und Ausrufezeichen bleiben trotz Komma vor dem Begleitsatz erhalten *„Das wird auswendig gelernt!", ordnete der Lehrer an. „Bis wann sollen wir das lernen?", fragten die Schüler.*

Wenn die wörtliche Rede mit einem Aussagesatz endet, wird der Punkt weggelassen. *„Das ist gar nicht so schwierig", dachte ich mir.*

Lesen – mit Texten umgehen

So unterscheidest du Textarten:

Daran erkennst du Erzähltexte:
- Erzähltexte wollen unterhalten.
- Sie sind meist von einem Autor oder einer Autorin geschrieben.
- Die Handlung ist zum Teil erlebt oder erdacht (fiktionale Texte).
- Sie wird von einem Erzähler (Ich- oder Er-Erzähler) erzählt.
- Die Handlung erstreckt sich in einem Spannungsbogen. Der spannendste Teil ist der Höhepunkt.
- Ausdrucksstarke Adjektive und Verben sowie wörtliche Rede machen sie spannend oder lustig.
- Die Erzählzeit ist das Präteritum.

Erzähltext: Märchen
- Der Inhalt von Märchen ist frei erfunden.
- Typische Merkmale: Gute und böse Gestalten sind oft Gegenspieler, eine Heldenfigur muss Abenteuer und Prüfungen bestehen.
- Es tauchen besondere Dinge und Kräfte auf wie magische Zahlen, Sprüche usw.
- Raum und Zeit bleiben unbestimmt *(Es war einmal ...)*.
- Das Ende ist meist gut.

Erzähltext: Fabel
- In Fabeln handeln Tiere, denen bestimmte Eigenschaften zugeordnet sind *(der schlaue Fuchs, der starke Löwe ...)*.
- Die Tiere verkörpern typisch menschliche Eigenschaften, sodass der Inhalt auf die Menschenwelt übertragen werden kann.
- Am Ende steht häufig eine Lehre (Moral).
- Fabeln wollen nicht nur unterhalten, sondern zum Nachdenken anregen.

Daran erkennst du Gedichte:
Gedichte sind Texte mit besonderer Sprache und Form.
- Formal sind sie in Verse und Strophen gegliedert.
- Sie weisen einen bestimmten Rhythmus auf und reimen sich häufig. Die Reimwörter können in verschiedener Abfolge auftreten, sie werden mithilfe von Kleinbuchstaben gekennzeichnet: Paarreim: *aabb* / Kreuzreim: *abab* / Umarmender Reim: *abba*.
- Eine weitere Besonderheit ist das häufige Auftreten von Sprachbildern.

Daran erkennst du dialogische Texte:
- Sie enthalten Regie- und Szenenanweisungen (Hinweise für den Regisseur und die Schauspieler, Erläuterung des Geschehens, Hinweise zur Bühnengestaltung, zu Bewegung oder Aussehen der Figuren und zur Vortragsart o. Ä.).
- Die Handlung wird in Dialogen (zwei oder mehr Personen sprechen miteinander) und Monologen (nur eine Person spricht) entfaltet.

Daran erkennst du Sachtexte:
Im Unterschied zu Erzähltexten dienen Sachtexte der Informationsvermittlung zu einem Thema.
- Sie bedienen sich einer sachlichen, genauen Sprache und enthalten Fachbegriffe.
- Wichtige Informationen werden oft durch Hervorhebungen, Zwischenüberschriften o. Ä. übersichtlich dargestellt.
- Zu den Sachtexten zählen auch Schaubilder, Grafiken oder Diagramme.

Textquellen:

55 Die Perserkatze, nach: http://www.tierfreund.de/perserkatze/, aufgerufen am 18.04.2017, leicht verändert

86 Bundeskanzler/in aus: Gert Schneider, Christiane Toyka-Seid, Politik-Lexikon für Kinder, Bundeszentrale für politische Bildung, Bonn, Campus Verlag, Frankfurt/Main 2006, S. 40

90 Hey, WhatsApp?, Text nach: http://www.klicksafe.de/themen/kommunizieren/instant-messenger/whatsapp/probleme-mit-dem-whatsapp-messenger/(gekürzt), aufgerufen am 22.09.2014

94 Brüderchen und Schwesterchen, aus: http://maerchen.woxikon.de/48/bruederchen-und-schwesterchen, aufgerufen am 13.08.2014

94 Regina Schwarz, Mein Vater, aus: Überall und neben dir, herausgegeben von Hans-Joachim Gelberg, Beltz-Verlag, Weinheim und Basel, 1986, S. 172

94 Paul Maar, In der neuen Klasse, aus: ders., Robert und Trebor, cbj Verlag, München, 2010, S. 28

97 Martin Luther, Stadtmaus und Feldmaus, aus: http://gutenberg.spiegel.de/buch/martin-luther-fabeln-272/1 (sprachlich modernisiert), aufgerufen am 28.09.2014

98 Aesop, Der Fuchs und der Storch, aus: http://gutenberg.spiegel.de/buch/aesop-fabeln-1928/8 (sprachlich modernisiert), aufgerufen am 28.09.2105

99 Christian Morgenstern, Der Nachtschelm und das Siebenschwein oder Eine glückliche Ehe, aus: ders., Galgenlieder, Diogenes Verlag, Zürich, 1981. Photomechanischer Nachdruck der Erstausgabe von 1932, S. 46 f.

101 Ernst Jandl, Fünfter sein, aus: ders., Poetische Werke. Band 4, Luchterhand Verlag, München, 1997, S. 67

102 Solvejg Hoffmann, Der Tierschutzorganisation VIER PFOTEN ..., aus: http://www.geo.de/geolino/natur-und-umwelt/11087-bstr-jordanien-hilfsprojekt-fuer-esel-und-pferde#152699-img-, aufgerufen am 08.11.2016

105 Eine Schemengestalt, aus: Robert Paul Weston, Zorgamazoo, nachgedichtet von Uwe-Michael Gutzschhahn, dtv, München, 2012, S. 7–9

Alle anderen Texte des Arbeitsheftes sind selbstgeschrieben, die in den Diagrammen festgehaltenen Ergebnisse in der Schule der Autoren selbst erhoben.

Bildquellen:

Cover i.motion GmbH, Bamberg

6 pixabay / © tombud

19 thinkstock / iStockphoto / © grapix; thinkstock / iStockphoto / © vesmil; thinkstock / © Purestock

24 Turn- und Sportgeräte Olaf Grevinga GmbH, Rheine / www.grevinga.de

42 thinkstock / iStockphoto / © bogdandreava

47 thinkstock / iStockphoto / © Andreas Altenburger

54 thinkstock / Getty Images News / © Jonathan Ernst

55 fotolia / © Callalloo Candcy

71 thinkstock / Getty Images / © Frederick M. Brown

87 thinkstock / iStockphoto / © Artnature; thinkstock / iStockphoto / © cynoclub

91 thinkstock / iStockphoto / © Jane Kelly; thinkstock / iStockphoto / © Lightcome